UN PAGE
DE
CHARLES-LE-TÉMÉRAIRE,

CHRONIQUE DU XVe SIÈCLE,

PAR M.

J.-F.-D. d'Attel de Lutange.

> Un page est le *petit joujou* d'une grande dame.

PARIS,
F. X. GIRARD, EDITEUR,
RUE DE SEINE-SAINT-GERMAIN, 64.
1838.

UN PAGE
DE
CHARLES-LE-TÉMÉRAIRE.

Ouvrages du même Auteur.

L'Épouse. . . . . 2 vol.
Traduction en vers d'Anacréon. . . . . . 1 vol.

PARIS. — IMPRIMERIE DE BOURGOGNE ET MARTINET,
rue Jacob, 30.

UN PAGE

DE

CHARLES-LE-TÉMÉRAIRE,

CHRONIQUE DU XVe SIÈCLE,

PAR M.

J.-F.-D. d'Attel de Lutange.

> Un page est le *petit joujou* d'une grande dame.
>
> L'amour d'une femme.... savez-vous ce que c'est?.... Le comble de la folie, ou plutôt le symptôme le plus burlesque, si toutefois il n'était pas le plus effrayant de tous ceux que l'on voit.... à Charenton.
>
> *Nouveau mérite des femmes.*

II

PARIS,

F. X. GIRARD, ÉDITEUR,

RUE DE SEINE-SAINT-GERMAIN, 64.

1838.

Deuxième Nuit.

De la femme vient l'iniquité de l'homme.
(*Ecclesiast.*, c. XLII, v. 13.)

Melior est enim iniquitas viri, quam mulier benefaciens.....
(*Ecclesiast.*, c. XLII, v. 14.)

Cependant Hyacinthe, encore troublé par les émotions de cette nuit mystérieuse qui avait été pour lui comme un rêve, un rêve inexplicable, ou plutôt comme un long cauchemar, venait de monter à l'orgue du monastère. Le premier soin du jeune novice fut de porter ses regards vers l'endroit de la sainte basilique où s'agenouillait ordinairement madame de Lénoncourt..... Il fut fort surpris, ce jour-là, de ne pas la voir à sa place accoutumée..... qui était comme envahie par des groupes de curieux qui se succédaient sans cesse dans la vaste enceinte de la nef. Il crut remarquer aussi comme une sorte d'agitation parmi tout ce peuple qui assistait à l'office..... Ces allées, ces venues continuelles, et plus encore l'absence de celle qui occupait toutes ses pensées, firent faire bien des réflexions à Hyacinthe..... Toutefois, malgré l'attention qu'il prêtait à ce qui se passait sous ses yeux, il lui fut impossible de connaître la cause de l'espèce de préoccupation dans laquelle paraissait plongée toute cette foule. Mais, à en juger par toutes ces conversations à demi-voix, et ce sourd murmure qui se répandait dans toutes les parties de la nef, on pouvait conjecturer que quelque chose d'extraordinaire, que quelque événement inattendu venait de se passer dans la cité.

L'office terminé, Hyacinthe se hâta de rentrer au monastère. Il y arriva, pour ainsi dire, à l'instant où l'on venait d'apprendre l'événement qui faisait la nouvelle du jour. M. de Lénoncourt, bailli de Vitry et gouverneur de la ville, venait d'en donner avis, par un message adressé à M. l'abbé de Saint-Vannes. Comme cette nouvelle extraordinaire faisait le sujet de la conversation de tous les religieux, elle parvint aux oreilles d'Hyacinthe, sans qu'il eût besoin de s'en informer. Le croirait-on? la mort venait de frapper subitement et d'enlever à sa famille éplorée..... madame de Lénoncourt!!!

On se ferait difficilement une idée de l'émotion d'Hyacinthe en apprenant cet événement, auquel il était si loin de s'attendre. Le malheureux jeune homme! il ne pouvait se persuader que celle près de laquelle il avait passé des instants si fortunés, que cette femme si belle, si tendre pour lui, que cette amante qu'il venait de presser dans ses bras..... était ravie pour jamais à son brûlant amour, à ses doux embrassements..... Le malheureux jeune homme! il ne pouvait se figurer que cette Honorine qui aimait tant son Hyacinthe, qui venait de lui jurer un amour éternel, qui venait de recevoir ses serments, qui venait de s'enivrer avec lui de la coupe des voluptés..... n'existait plus!!! que la mort..... la mort impitoyable avait dévoré sa proie!!! Hyacinthe! pauvre enfant! tu ne sais donc pas comme elle va vite..... comme elle saisit à l'improviste..... comme elle fauche, sans pitié, ses victimes..... cette mort insatiable..... cette mort infatigable..... cette mort, qu'un Dieu terrible a placée, comme une sentinelle vigilante, près de la créature, pour lui crier sans cesse : *Prends garde à toi!!!*

En vain Hyacinthe veut encore douter de son malheur..... hélas! la triste nouvelle n'est que trop vraie!..... Il n'y a plus moyen de se faire illusion..... Madame de Lénoncourt n'est plus..... L'abbé de Saint-Vannes vient d'en faire part officiellement à tous les religieux assemblés en chapitre extraordinaire dans la grand' salle. Là, il a été décidé que toutes les cloches du monastère tinteront le glas funèbre, et qu'un service sera fait avec tout l'appareil, toute la pompe possible, dans l'église de céans, pour le repos de l'âme de défunte noble, haute et puissante dame Honorine de....... décédée épouse de noble, haut et puissant seigneur Thierry de Lénoncourt (1), bailli de Vitry.

En ce temps-là, il était d'usage que deux religieux de Saint-Vannes allassent passer la nuit en prière, près de la dépouille mortelle de ceux qui s'étaient endormis dans le Seigneur, lorsque les défunts avaient occupé pendant leur vie quelques unes des pre-

(1) Les armes de cette famille sont : *d'argent à la croix engrêlée de gueule.*

mières dignités dans la cité. Or, bien certainement, le gouverneur et toute sa famille étaient, de droit, dans cette catégorie, et devaient par conséquent jouir de cette triste prérogative. Il fut donc aussi décidé en chapitre que deux religieux, choisis parmi les plus vieux, les plus respectables, iraient passer la nuit qui devait précéder les funérailles, dans la salle funèbre où étaient exposés, sur un lit de parade, les restes inanimés de la noble dame défunte. Mais, par une bizarrerie dont il n'y avait pas encore d'exemple, dont on ne pouvait pas même soupçonner le motif, l'abbé décida de plus que Hyacinthe accompagnerait les deux religieux, et passerait aussi avec eux la nuit en prière.

Cet arrêt intimé par le seigneur abbé au jeune novice fut pour lui un nouveau sujet, un nouveau motif de douleur, et redoubla son anxiété, ses terreurs. Une sorte d'effroi le saisit même lorsqu'il eut réfléchi à l'étrange, à la lugubre mission qu'il allait remplir..... Mais il fallait obéir..... obéir et se taire..... Ainsi fit Hyacinthe. Toutefois, malgré sa soumission, il ne put éviter d'être encore admonesté par ledit seigneur abbé, qui ne laissait échapper aucune occasion de tourmenter, par toutes les rigueurs imaginables, ce pauvre jeune homme.

« Deux de nos vénérables religieux, lui » dit l'abbé, d'un ton lent et solennel, deux » de nos vénérables religieux vont aller » remplir un saint, un pieux devoir, et passer la nuit en prière près de la cendre » des morts..... Malgré votre indignité, j'ai » décidé que vous les accompagneriez. Là, » vous implorerez le ciel pour ceux qui » l'ont offensé..... là, vous verrez ce qui » reste de nous..... Il faut que de bonne » heure vous contempliez la mort face à » face..... Je le veux! je l'ordonne! Allez » dans votre cellule, allez réfléchir à la » sévère mission qui vous est imposée... » Allez vous y préparer dans le silence, dans » les larmes..... Versez-en des larmes, ver-

» sez-en beaucoup, s'écria l'abbé d'une » voix terrible, car vous avez beaucoup à » expier ! Allez méditer dans votre cellule ! » Allez, et surtout priez Dieu qu'il vous » fasse miséricorde. »

L'abbé a dit, et Hyacinthe, après avoir humblement baisé la terre aux pieds du seigneur de céans, se retire en silence, et s'achemine en sanglotant vers sa cellule solitaire.

Cependant la nuit a voilé de ses ailes grisâtres les hautes tours de l'église du monastère. Le faîte du saint édifice a disparu dans l'ombre. Mais des flancs de ses dômes aériens et invisibles, s'échappe, par intervalles égaux, un son lugubre et prolongé..... C'est le glas funèbre, c'est le glas de la mort!!! Ce sont les derniers pas, les derniers soupirs de la victime que vous entendez..... Ce sont ses derniers adieux à cette terre qui va l'engloutir, à ce monde frivole qui l'a déjà presque oubliée..... Ce glas retentissant comme une plainte, c'est le signal, l'affreux signal par lequel une voix terrible et sans appel, semble dire à la victime : « *Tu as assez vécu ! ton juge est là ! il t'attend.* » Laisse donc là, ô toi qui as assez vécu, toi que ton juge attend, laisse là tes pompes ! laisse là tes honneurs, tes dignités! laisse là ta beauté, ta jeunesse! laisse là tes amis, tes parents! laisse là ton or surtout, et ces attachements criminels qui seront un sujet éternel de honte pour ta mémoire! laisse là tout!!! tout!!! De toi, il faut qu'il ne reste plus rien !!! oui, *ton juge est là, il t'attend !!!* Écoute-moi cependant..... Ta vie a-t-elle été pure?.... Le souvenir de cette vie sans tache demeurera seul après toi. As-tu, au contraire, souillé la terre de tes folies, de tes crimes?.... Hâte-toi, malheureux! hâte-toi, le ciel et la terre te repoussent également..... Hâte-toi! tu es déjà un objet d'horreur pour les hommes..... et de réprobation pour le ciel.... Hâte-toi! *tu as assez vécu! ton juge est là! il t'attend!*

Et le glas de la mort se fait entendre par

intervalles, et le glas de la mort a porté l'effroi dans tous les cœurs, et, en l'entendant, chacun s'est dit involontairement : Un jour..... et ce jour peut-être n'est pas loin, il en sera de même aussi pour moi. *Hodie tibi, cras mihi.*

Mais déjà les deux religieux, suivis d'Hyacinthe, se sont mis en marche pour la demeure où gît, sur son trône, la mort pâle et muette. Une froide bise du nord s'engouffre dans les vêtements des trois voyageurs, et ralentit leurs pas précipités. Plus ils s'éloignent du monastère, plus les sons lointains de la lugubre cloche s'affaiblissent Dans la ville, les rues sont désertes, un silence de mort semble planer sur l'antique cité des Claviens.

Cependant les deux religieux et Hyacinthe, parvenus au terme de leur course nocturne, ont été introduits dans une vaste salle toute tendue de noir, et éclairée par une multitude de lumières. De distance en distance, apparaissent le chiffre et les armoiries de la défunte. Au milieu, sur un lit de parade, surmonté d'un long crêpe funèbre, gisent ses restes mortels. Le visage d'Honorine est à peine couvert d'un voile léger. Ses mains d'une blancheur éblouissante, ses mains qui effacent l'éclat du blanc suaire qui l'entoure, pressent sur son cœur une petite croix d'ébène..... on dirait qu'Honorine prie dans un saint recueillement..... A ce spectacle imposant, à ce spectacle terrible, Hyacinthe est près de s'évanouir..... Il tombe à genoux, ou plutôt s'affaisse aux pieds de ce trône de la mort, et se trouve placé au milieu des deux religieux qui, déjà en prière dans leurs missels, étaient loin de s'apercevoir, encore bien moins de se douter du trouble du jeune novice.

L'arrivée des deux moines fut le signal du départ des assistants et des citains qui, tout le long du jour, étaient venus rendre les derniers devoirs, la dernière visite, le dernier hommage à l'épouse du gouverneur. Toute cette foule s'écoule lentement.....

tristement..... et bientôt, dans cette salle immense présidée par la mort, on ne voit plus que trois êtres mornes et silencieux comme elle!

Cependant une sorte de calme a succédé à l'émotion profonde qu'Hyacinthe avait d'abord éprouvée. La première entrevue, comme on dit, avait été terrible..... mais le courage était venu ensuite. Seulement une grande tristesse oppresse encore le jeune et beau novice. Toute crainte l'a également quitté; et le dirai-je? il éprouve presque un certain bien-être de se trouver si près de celle qu'il a tant aimée, de celle qu'il aime encore tant!..... A cette première sensation, bientôt viennent se mêler de doux souvenirs..... Honorine s'offre à son esprit..... il la voit brillante de beauté..... toujours tendre..... toujours aimante..... Pauvre Hyacinthe! hélas! sur les bords de l'abîme, en présence de la mort, il rêve encore, l'infortuné! il rêve encore le bonheur!

A ces illusions enfantées par une extrême jeunesse, par un violent amour, succède bientôt un désir qui devient plus vif de moment en moment. Ce désir..... le croirait-on? c'est..... de contempler une dernière fois, dans son sommeil de mort, celle qui ne peut s'effacer de son esprit. Quel bonheur de la voir cette Honorine!..... cette chère Honorine!..... — Y penses-tu? infortuné! elle n'est plus, ton Honorine, elle n'est plus! — Ah! l'amour, l'amour a-t-il jamais redouté le spectacle de la mort?

Ainsi, tandis que deux vénérables religieux, tout entiers aux choses de l'éternité, offraient, en présence de la mort, de cette mort si terrible, leurs humbles prières au ciel, un pauvre jeune homme dévoré par les feux de l'amour luttait avec les voluptueux souvenirs d'ici-bas; et, par un contraste bizarre, tandis aussi que quelques mots de cet office si lugubre, que notre divine religion a composé pour honorer les trépassés, s'échappaient par intervalle des lèvres tremblantes des deux vieillards, d'amoureux soupirs s'exhalaient du cœur enflammé du jeune et beau novice, et venaient se confondre ou plutôt se heurter avec les sévères sentences de l'Esprit-Saint..... sans que les deux religieux ni Hyacinthe s'aperçussent le moins du monde de cette union disparate, de ce choc insolite; tant ceux qui invoquaient le ciel avaient de ferveur! tant celui qui rêvait de doux pensers d'amour était profondément absorbé dans ses tendres méditations!

Soudain minuit, comme un retentissement du glas funèbre, vient de tinter à l'horloge de la cité! heure mystérieuse..... heure d'amour..... heure d'effroi..... heure d'un tranquille sommeil pour l'homme de bien..... heure de cuisants remords pour le coupable..... Ah! quand la nature, dans sa sagesse, a voulu que ce moment passât, pour ainsi dire, inaperçu pour tout ce qui respire ici-bas, ce n'était pas sans doute le moindre de ses bienfaits envers les mortels!

Cependant ces sons prolongés du nocturne beffroi ont fait tressaillir le jeune novice..... Déjà plusieurs fois il s'est aperçu que le sommeil appesantissait les paupières de ses deux compagnons..... peut-être vont-ils succomber aux douceurs de Morphée..... Hyacinthe est saisi d'effroi à cette pensée!!! Se trouver seul en présence de la mort!!! Que deviendra-t-il?

Ce qui n'est qu'une conjecture de sa part ne tarde pas à devenir une réalité. Le missel, après s'être échappé déjà bien des fois des mains des deux religieux, qui cependant l'avaient toujours ressaisi avec courage, le missel venait encore d'échapper de leurs mains défaillantes, et cette fois..... il n'avait pas été ramassé. Au bruit sourd qu'il avait occasionné en touchant le sol, Hyacinthe, saisi de terreur, ose lever les yeux .... Ciel!!! que voit-il?..... ses deux vénérables compagnons dorment d'un profond sommeil..... tous deux sont étendus sur le carreau de velours noir qu'ils pressaient de leurs genoux quelques instants auparavant..... et lui, lui seul est là maintenant pour veiller sur la mort.

— Que vas-tu devenir, Hyacinthe! pauvre Hyacinthe!..... toi si jeune!..... toi si faible!..... toi si plein d'amour!..... toi si malheureux au milieu de tes rêves de bonheur, au milieu de tes douces illusions!..... Que vas-tu devenir?..... N'entends-tu pas quelque chose?..... des soupirs?..... Ne vois-tu rien?..... Une ombre n'a-t-elle pas passé rapidement devant tes yeux?..... Et ce crêpe funèbre que tu voulais soulever?..... Eh bien! tu le peux maintenant..... tu es seul..... regarde..... Est-ce que ses longs plis n'ont pas fait un léger mouvement?..... Peut-être que tout à l'heure..... sais-tu bien?..... Elle est là, Honorine..... elle t'attend..... C'est le dernier rendez-vous..... Il est minuit! c'est l'heure des apparitions..... Est-ce d'effroi que tu trembles?..... Est-ce d'effroi que tu frissonnes?..... Non, c'est d'ivresse..... c'est de volupté..... Hyacinthe! Hyacinthe! hâte-toi, hâte-toi!!!... La mort va si vite!!! Et l'amour! Ah!!!

Ainsi, de ses accents tout de feu, le délire ou plutôt cet esprit tentateur que l'Eternel précipita aux premiers jours du monde dans les profondeurs de l'abîme, circonvient le jeune et beau novice, et embrase son cœur. Il les a compris, ces accents fascinateurs..... il les a compris, l'infortuné!..... Il en est tout bouleversé..... tout hors de lui..... Il ne sait plus ce qu'il fait..... L'effroi!..... oh! il ne fait plus battre son cœur!..... Il bat pourtant ce cœur..... il bat bien fort..... mais c'est d'amour..... Honorine, sa chère Honorine n'est-elle pas là?..... là, seule avec lui..... sans témoins.....

Et Hyacinthe s'est avancé près du trône de la mort..... et Hyacinthe contemple quelques instants en silence ce long crêpe funèbre qui voile à peine, ou plutôt laisse apercevoir, *accuse* (1) les formes enchanteresses de celle qu'il adore.....

— Eh bien, Hyacinthe, lui dit encore la même voix, eh bien! tu hésites?..... C'est elle..... c'est Honorine..... ta chère Honorine..... Elle est là..... Tu peux la contempler si tu veux..... Elle est à toi.....

— Oui, s'écrie Hyacinthe d'une voix étouffée, oui, elle est à moi!

Et l'audacieux a jeté au loin le long crêpe funèbre.

Et, dans l'instant, à travers les vitraux en ogive d'un monastère voisin (2), s'échappent des voix pures comme celles des anges, et les sons prolongés, les sons harmonieux de l'orgue viennent compléter le tableau ravissant qu'Hyacinthe a devant les yeux.

(1) Ce terme est pris à la peinture.

(2) Le lecteur sait, sans doute, que l'office se chantait la nuit dans les couvents, et que les accents des pieux cénobites ou des saintes récluses parvenaient souvent, dans le silence des nuits, jusqu'à l'oreille des habitants des cités.

Jamais, non jamais, Honorine ne lui avait paru si belle..... Un long voile de lin, d'une blancheur éblouissante, dérobe à peine ce beau corps, qui semble respirer encore..... son visage seul est découvert ; on dirait qu'un léger sourire effleure ses lèvres..... ses yeux sont fermés, mais l'ombre de ses longues paupières se projette au loin sur ses joues..... ses cheveux, d'un noir d'ébène, flottent sur son cou, sur ses épaules d'albâtre..... ses mains semblent presser avec amour, sur son cœur, le signe révéré de notre rédemption..... quelques bandelettes enfin ceignent sa taille gracieuse, et viennent flotter à ses pieds.

A la vue de tant de charmes, le jeune et beau novice est plongé dans une sorte d'extase voluptueuse..... — La mort!!! allez-vous dire?..... — La mort? Oh! elle a disparu..... Hyacinthe ne voit plus qu'Honorine..... c'est elle..... elle dort..... c'est ainsi qu'elle était aux jours de son bonheur..... Il s'approche encore..... il croit l'entendre respirer..... il s'enivre de son haleine parfumée..... Il craint de troubler son sommeil..... Soudain, une boucle de ses longs cheveux vient effleurer le front d'Hyacinthe..... Il lui semble alors qu'elle se réveille..... Éperdu, hors de lui, il veut, dans ce moment solennel, recevoir ses premières caresses.... et, dans son ivresse, il cueille un baiser de flamme sur les lèvres à peine décolorées de son amante.....

Et, dans l'instant, une sorte de frémissement a comme agité le long voile de lin.....

A ce signal de l'amour, Hyacinthe, au plus haut degré d'exaltation, ne sait ce qu'il fait.... Le trépas n'est plus un obstacle insurmontable à sa brûlante ivresse..... Éperdu, hors de lui, il ose cueillir un second baiser!!! dans son délire, il ose..... encore davantage!!!

. . . .

De vos ailes d'azur, voilez vos fronts, ô purs Esprits de l'Empirée!!! Prosternez-vous, ô Chérubins! prosternez-vous aux pieds de Jéhovah!!!

Et, pour la seconde fois, à travers les vitraux en ogive de la basilique voisine, s'échappent des voix angéliques, et les sons prolongés de l'orgue.

. . . .

. . . .

Mais, ô prodige! soudain un léger soupir a glissé sur les lèvres d'Honorine..... Oui, dans cette nuit mystérieuse, dans cette nuit d'éternelle mémoire, l'amour a triomphé de la mort..... De l'amour le souffle créateur a rouvert les portes de la vie..... Semblable au feu divin de Prométhée, le charme d'un baiser, ce doux nectar des immortels, a rallumé le flambeau de l'existence dans le sein de la créature.

. . . .

. . . .

Toutefois le jeune et beau novice, encore en proie au trouble inexprimable qui agite et maîtrise tous ses sens, est loin de se douter de ce prodige enfanté par l'amour, Hyacinthe se hâte de faire disparaître l'espèce de désordre causé par les illusions de cette nuit mystérieuse..... En un instant, le voile funèbre recouvre de nouveau, de ses longs plis, celle que la vie réclame peut-être encore..... Mais à peine le jeune novice a-t-il repris sa place près des deux religieux, que ceux-ci se réveillent, et, sans s'inquiéter ni des morts ni des vivants, se remettent machinalement en prière.

Cependant déjà l'aube matinale, comme une épouse vigilante, perce de ses rayons les sombres draperies de la salle funèbre..... C'est le signal du départ pour les deux religieux et pour Hyacinthe, qui s'acheminent alors en silence vers le monastère de Saint-Vannes, en attendant que tout s'apprête pour les funérailles de noble, haute et puissante dame Honorine de Lénoncourt.

Huitième Journée.

> Y de vuestra justa pena
> Es mi brazo el instrumento.
> (Alarcon.)
> Toujours le crime disparaît
> Devant un supplice barbare.
> (*Poésies inédites de l'auteur.*)

Cependant une sourde rumeur tenait en émoi la cité des Claviens. Depuis la porte Châtel, jusqu'aux extrémités de la rue Osomont, on se redisait à voix basse la nouvelle du jour. Bien qu'elle fût incroyable, tout le monde y croyait. C'étaient des commentaires à perte de vue, chacun faisait sa version, chacun disait son mot; on savourait avec délices ce scandale inouï, car vraiment c'en était un que la nouvelle en question. On lui faisait prendre toutes les formes..... on l'embellissait des couleurs les plus vives..... Jamais, en effet, on n'avait eu plus beau texte pour gloser! Aussi s'en donnait-on avec un laisser-aller, ou plutôt une rage dont on n'a pas d'idée. La nouvelle, encore une fois, était incroyable..... Eh bien! c'était cela précisément qui faisait qu'on y croyait, ou plutôt qu'on y ajoutait une foi aveugle. Et pourtant, en passant par tant de bouches, et après avoir été répétée par tant de gens, cette nouvelle était devenue presque méconnaissable, à tel point, que, racontée par une commère de la rue Cloët (1), et une dame de la rue Villers (2), c'étaient deux choses tout-à-fait différentes.

(1) Une rue de ce nom existait à Verdun, en 1446.

(2) Une rue de ce nom existait à Verdun, en 1313. On ignore la situation de ces deux rues. (Voyez dom Cajot.)

De tout temps, comme on voit, le beau sexe de cette bonne ville de Verdun a été très habile quand il s'est agi de broder..... un fait, et surtout un fait comme celui-là.

Mais si les citains s'entretenaient de la nouvelle en question, sans trop se mettre en peine des conséquences, il n'en était pas de même du clergé; il était, c'est le mot, il était dans la consternation. Messieurs du chapitre ne savaient que faire, quel parti embrasser, à quel saint se vouer, dans une circonstance si grave..... Hélas! le premier pasteur, l'évêque, était éloigné de son troupeau..... et les grands-vicaires n'osaient rien prendre sur eux. Il fallait bien pourtant se décider à quelque chose..... satisfaire à de hautes exigences..... réparer une grande faute..... Le gouverneur de la cité, le croirait-on? le gouverneur de la cité avait été grièvement offensé, cruellement outragé..... et, pour comble de scandale, c'était par des moines, prétendait-il, que ce scandale avait eu lieu.

Et en effet une note foudroyante dudit gouverneur avait été adressée à l'abbé de Saint-Vannes. Les faits qu'elle articulait étaient de la dernière gravité..... l'outrage avait été porté à son comble..... M. le gouverneur demandait, et au besoin exigeait, une prompte satisfaction, une éclatante réparation, et un châtiment proportionné à la grandeur de l'offense.

On se ferait difficilement une idée de la stupeur qu'avait causée cette note menaçante dans le monastère de Saint-Vannes. Tous les religieux, l'œil morne, l'air silencieux, osaient à peine se regarder. Le seigneur abbé était atterré non seulement des plaintes et des menaces du gouverneur, mais encore des reproches sanglants du chapitre de la cathédrale ; car ce dernier éprouvait une joie secrète ou plutôt triomphait d'avoir ce prétexte pour humilier l'abbé et ses moines; d'anciens griefs, d'anciennes inimitiés ayant toujours maintenu une espèce d'hostilité entre les uns et les autres.

De sorte que ceux qui auraient dû couvrir leurs frères du manteau de la charité, étaient les premiers à aggraver la faute énorme qui avait été commise. Mais où était le coupable?..... c'est ce qu'on ignorait, et l'abbé tout le premier.

Aussi les bruits qui circulaient dans la cité, bruits auxquels on avait d'abord fait peu d'attention au monastère de Saint-Vannes, avaient-ils pris une bien affligeante consistance depuis la lettre du gouverneur. Toutefois cette lettre foudroyante, cette lettre qu'on ne pouvait lire sans être saisi d'étonnement, de stupeur, était elle-même une énigme. L'abbé ne savait comment s'expliquer cette profonde démoralisation, ce crime inouï dans les fastes de l'humanité, et à bien plus forte raison dans le silence du cloître. Et puis, les deux religieux sur lesquels les doutes pouvaient s'élever n'étaient-ils pas, par leur grand âge, leur réputation de haute piété, tout-à-fait à l'abri du soupçon? Où donc était le coupable?..... Qui avait failli ? Il fallait bien pourtant, un peu plus tôt, un peu plus tard, que ce mystère d'iniquité s'éclaircît, ou, en d'autres termes, qu'on découvrît ce coupable quel qu'il fût, afin de pouvoir donner par une punition exemplaire une prompte et éclatante satisfaction à M. le gouverneur, profondément irrité de ce qui s'était passé.

Aussi, plus l'abbé y réfléchissait, plus sa perplexité redoublait. Dans l'embarras où il se trouvait, il se décida enfin à faire comparaître devant lui les deux vieux religieux, non toutefois qu'il les crût coupables, mais pour qu'il fût dit qu'il n'avait rien à se reprocher, ayant fait tout ce qui dépendait de lui pour découvrir la vérité. Toutefois, avant d'aller plus loin, il est bon d'avertir que la nature et les circonstances de l'outrage dont se plaignait monsieur le gouverneur n'étaient que peu ou point connus de la presque totalité des religieux de Saint-Vannes.

Cependant dom Pacome et dom Hilarion,

ainsi s'appelaient les deux vieux religieux qui avaient passé la nuit en prière près de la dépouille mortelle de madame de Lénoncourt, venaient de se rendre dans l'appartement de l'abbé. A l'air triste, et surtout à l'accueil sévère de ce dernier, ils ne furent pas peu surpris; car ils étaient loin, bien loin de se douter de l'affreux soupçon qui planait sur leurs têtes. Quoi qu'il en soit, après s'être prosternés tous les deux aux pieds de leur seigneur et maître, et ne s'être relevés qu'après en avoir obtenu la permission, ils attendirent respectueusement et en silence que celui-ci expliquât le motif pour lequel il les avait appelés.

Il faut bien le dire, l'abbé n'était guère moins embarrassé que les deux bons vieux religieux qu'il avait devant lui. En effet, plus il les considérait, moins il pouvait comprendre qu'ils eussent failli à ce point; c'était donc une espèce d'imprudence, ou tout au moins une chose inutile de les interroger sur un pareil sujet. Et puis il n'était rien moins que facile d'aborder un cas si scabreux qui vraisemblablement ne s'était pas encore présenté dans les fastes de la vie cénobitique. De tout cela, il résultait que le juge, aussi bien que les accusés, gardaient le silence, fort embarrassés de la position équivoque où ils se trouvaient.

Après avoir recueilli tous ses esprits, l'abbé rompit enfin ce silence pénible.

— Notre couvent a beaucoup d'ennemis, s'écria-t-il d'un air mystérieux ; vous le savez aussi bien que moi, mes frères. Jusqu'à présent nous avons pris le sage parti de pardonner à la calomnie. Malheureusement les choses en sont venues au point de ne pouvoir plus, sans compromettre notre réputation, continuer d'observer ce saint précepte de l'Evangile. Bien plus, des personnes puissantes nous attaquent, et exigent impérieusement que nous répondions à leurs accusations. Notre devoir est donc de nous défendre, de repousser ces injustes agressions, car, je dois vous le dire, et c'est pour moi une grande consolation, ces agressions..... ces allégations..... j'en suis convaincu, sont injustes, calomnieuses, et c'est pour que vous partagiez avec moi cette conviction si consolante, c'est pour aviser, de concert avec vous, aux moyens de fermer la bouche à la calomnie, que je vous ai fait appeler.

Un signe respectueux d'assentiment fut toute la réponse des deux religieux. Puis, après un moment de silence, l'abbé reprit encore :

— Qui aurait pu s'imaginer que M. le gouverneur eût à se plaindre de notre couvent?..... que quelqu'un de nos frères l'eût offensé?..... lui, que nous respectons, que nous vénérons tant!..... lui, à qui nous nous sommes empressés de rendre un devoir pieux dans une fatale circonstance!..... Vous le savez, mes frères, dans cette nuit de deuil, c'est vous que j'ai choisis, comme les plus dignes, pour aller prier sur la cendre des morts..... Eh bien! qui l'aurait cru?..... qui pourrait le croire? la calomnie s'est emparée de cette action si pure!..... si sainte!.....

L'abbé s'arrêta encore..... Puis, après une pose de quelques instants :

— Auriez-vous quelques observations à nous soumettre, mes frères?..... Savez-vous quelque chose?..... Auriez-vous été les témoins?..... Car je ne puis croire que vous ayez trempé vos cheveux blancs dans la coupe de la corruption..... Parlez!..... répondez-moi!..... surtout point de détours, de faux-fuyants..... Je veux tout savoir..... tout..... Je suis votre père; car j'aime à croire que vous êtes encore dignes d'être mes enfants..... que vous êtes innocents, en un mot..... Mais, s'écria l'abbé d'un ton sévère et en élevant la voix, je serais votre juge, et un juge inflexible, si vous étiez coupables..... Et sachez-le bien, la déception, le mensonge, loin de vous sauver, ne feraient qu'aggraver votre position, que rendre plus hideuse, plus épouvantable la faute énorme dont on accuse..... Ah! mes frères, détrompez-moi, de grâce!..... N'est-ce pas, l'honneur de notre couvent est resté intact?.... N'est-ce pas, l'esprit de ténèbres ne vous a pas séduits, ne vous a pas égarés à ce point?..... Répondez, je vous en supplie, et, s'il le faut, je vous l'ordonne.....

Et à ce langage menaçant et énigmatique, l'effroi a glacé de terreur les deux pauvres vieux religieux.

— Eh bien! s'écrie alors l'abbé d'une voix retentissante, eh bien! vous ne répondez pas?..... Est-ce l'horreur que vous inspire le crime, est-ce le crime lui-même qui vous rendent muets?..... Parlez, encore une fois, parlez, je vous l'ordonne!..... Que s'est-il passé dans cette nuit à jamais déplorable?

Cette apostrophe terrible est comme un trait de lumière. Soudain un souvenir confus qui s'était évanoui de la mémoire des deux bons religieux vient s'offrir à leur esprit. Ils sont coupables..... d'une faute bien légère, bien pardonnable sans doute, ou plutôt d'une simple négligence..... mais la plus légère négligence est une faute grave dans un couvent. Les infortunés!..... Pendant quelques instants..... Ils se le rappellent maintenant..... ils sont prêts à l'avouer..... à subir la punition qui leur sera imposée..... Oui, ils ont failli..... La nature a été plus forte que deux pauvres vieillards.....

Et soudain, par un mouvement spontané, ils se jettent aux genoux du seigneur abbé.

— Malheureux! s'écrie alors celui-ci d'une voix tonnante, malheureux! il n'est donc que trop vrai, et.....

— Oui, mon père, reprennent humblement les deux religieux; oui, nous sommes coupables.....

— Eh bien!.....

— Nous l'avouons.....

— Point de détours!

— Nous le confessons.....

— Point de détours encore une fois!

— Ah! punissez-nous, mon père : il n'est que trop vrai, nous avons succombé.....

— Les infâmes!.....

— Oui, nous avons succombé..... au sommeil.

— Croyez-vous m'en imposer, en déguisant la vérité?..... Parlez, avouez tout!....

— Hélas! mon père, nous sommes sans doute coupables de bien d'autres négligences..... mais nous sommes prêts à l'attester devant Dieu : nous ne nous rappelons que de cette faute, pendant la nuit que nous avons passée....

— Est-il bien vrai?..... se pourrait-il?.....

— Nous le jurons! mon père, nous le jurons!

— Dieu soit loué! s'écrie alors l'abbé en élevant les mains vers le ciel. Ah! je respire!..... Puis s'adressant aux deux religieux, qui étaient encore prosternés à ses pieds :

— Relevez-vous, mes frères; vous avez

commis une grande négligence!!!.. C'est sans doute pour vous punir, que le ciel a permis que notre saint monastère soit calomnié..... Voyez quelles ont été les suites de votre faute!.....Relevez-vous, encore une fois; allez dans vos cellules, allez prier Dieu, avec larmes, avec gémissements, qu'il vous pardonne..... Allez, mes frères, allez prier pour vous et pour notre monastère.

Et comme un malheureux cerf dont les chiens haletants ont perdu la trace, se sont évanouis les deux pauvres religieux.

Cependant, dans la cité, la rumeur publique s'était encore accrue. Madame de Lénoncourt, dont on s'apprêtait à faire les funérailles, madame de Lénoncourt était revenue des portes du trépas. Ce qu'on avait pris pour la mort n'était qu'une longue léthargie. Peu après le départ des deux moines qui avaient passé près d'elle la nuit en prière, quelques signes de vie s'étaient manifestés..... Grâce aux prompts secours qui lui avaient été prodigués, et plus encore peut-être à sa jeunesse, à sa bonne constitution, on espérait la sauver. Toutefois le récit que l'on faisait de cette espèce de résurrection tant soit peu miraculeuse était entremêlé de circonstances bien autrement extraordinaires. On racontait, ou plutôt on laissait deviner des choses inouïes..... étranges..... qui se seraient passées dans les ténèbres de cette nuit qui devait précéder les funérailles.....Le public, naturellement avide de merveilleux, amplifiait beaucoup tous les bruits que l'on répandait. Les femmes surtout ne tarissaient pas sur ce sujet; et, sans respect, sans égard pour la famille de monsieur de Lénoncourt, entouraient le fait de circonstances les plus incroyables, pour ne pas dire les plus scandaleuses. Ces bruits injurieux, répandus par l'esprit de médisance et de calomnie, ne contribuaient pas peu à exaspérer au dernier point monsieur le gouverneur de la cité. Aussi tout le monde s'accordait-il à dire qu'il était grandement irrité, furieux, c'est le mot, et que, renfermé chez lui, il ne voulait voir personne. Et les mauvais plaisants d'en gloser de plus belle..... et de prétendre que jamais femme, après sa mort, n'avait joué plus vilain tour à son mari..... qu'ainsi il n'était pas étonnant que celui-ci prît la mouche et se fâchât tout de bon. Toutefois, plaisanterie à part, une pareille aventure, il faut en convenir, était bien faite pour mettre en émoi toute une ville. De nos jours, on caquette souvent pour bien moins, et si notre bon La Fontaine s'est écrié *avec raison* :

. . . . ce n'est rien,
C'est une femme qui se noie.

qu'aurait-il dit, grand Dieu! d'une femme qui ressuscite?

Mais, si l'inimitable fabuliste n'était pas là pour dire son mot, bien d'autres ne s'en faisaient faute. Toutes les commères étaient sur pied et jugeaient le cas extrêmement grave..... Quant à nos bons citains, ils traitaient la matière assez cavalièrement, et, sans plus de façon, se permettaient d'en rire beaucoup ; tandis qu'il n'était pas de femme tant soit peu jeune et jolie, qui ne s'imaginât fermement, qu'un peu plus tôt, un peu plus tard, il pourrait bien lui en advenir autant..... et conséquemment, d'avance, prenait...... ses précautions...... C'était, il faut en convenir, prévoir les choses d'un peu loin.

Tandis que toute la ville se perdait ainsi en conjectures sur ce qui venait de se passer, des messages se succédaient, sans interruption, de l'abbaye de Saint-Vannes à M. le gouverneur, et de celui-ci au monastère. Mais rien ne transpirait du contenu de ces missives mystérieuses. Seulement, il était facile de s'apercevoir que tout le clergé de Verdun et surtout les moines de Saint-Vannes étaient très préoccupés, et M. le gouverneur fort courroucé.

Cependant la perplexité de l'abbé était à son comble. L'explication qu'il avait eue avec les deux religieux, loin de le tranquilliser, avait fait naître au contraire dans son esprit de nouveaux soupçons, bien plus affreux, bien plus terribles que les premiers. Que dis-je ! le voile qui couvrait cette affaire ténébreuse venait de se déchirer soudain..... Comme un trait de lumière, la vérité horrible et palpitante s'était offerte à ses yeux épouvantés...... L'inextricable nœud gordien venait d'être coupé....... Un grand coupable lui était enfin apparu..... Plus de doute, c'est lui !!! lui !!! grand Dieu! Pourquoi faut-il que le crime ait osé verser sa coupe empoisonnée dans le cœur d'un malheureux enfant ?

L'abbé se désespère à cette affreuse pensée qu'il va être obligé de sévir contre un être si jeune, non pour une faute légère, non pas même pour une faute grave, mais pour venger un de ces crimes rares qui viennent, à des époques éloignées, épouvanter la société... Il ne peut concevoir une dépravation si précoce..... Il ne sait comment la qualifier..... Il ignore encore comment il pourra se faire comprendre du malheureux..... Tout est insolite dans ce drame épouvantable..... et à tel point, que le coupable échappe presque au châtiment, dans l'impossibilité d'en trouver un assez sévère..... Oui, tout échappe à la justice des hommes dans ce grand procès..... Le crime seul est là.....

D'un autre côté, bien que l'abbé ne soit malheureusement que trop certain de tenir le fil qui peut le guider dans les dédales de cet horrible labyrinthe, il hésite encore à s'y engager, il hésite encore à approfondir ce mystère d'iniquité, tant son esprit se révolte à la seule pensée de cette œuvre de ténèbres. En effet, oser accuser un être si jeune, si faible, protégé, pour ainsi dire, par l'innocence de son âge ou plutôt à l'abri du soupçon même, à ne considérer la chose que physiquement et sous le rapport des probabilités, n'est-ce pas se rendre en quelque sorte plus coupable que le coupable?..... N'est-ce pas tout au moins devenir son complice?..... Et, fût-on mille fois sûr de l'affreuse vérité, n'était-il pas de la dernière imprudence de la faire ainsi comparaître sans ménagements, *toute nue*, devant un enfant? Comment *gazer* cette nouvelle Astartée?..... Quels termes employer?..... L'accusation enfin ne court-elle pas risque de tomber, faute de mots pour la qualifier?..... Et, si par hasard il arrivait que l'accusateur fût victime d'une fatale erreur?....., ah! alors, comment réparer la brèche irréparable faite à l'innocence?....., comment détruire l'image immonde offerte si imprudemment à ses yeux?..... comment neutraliser le poison versé dans ce cœur si pur, dans ce cœur si injustement soupçonné?..... Non, un enfant n'a pu être corrompu à ce point; non, il n'a pu avec tant d'impudeur s'identifier avec le crime. Gardons-nous donc, gardons-nous bien d'alarmer l'innocence, sous prétexte de punir le crime, sous prétexte de venger la société. Ah! n'est-ce pas alors le cas de répéter avec ce sage de l'antiquité ? *Maxima puero debetur reverentia.*

Telles étaient les réflexions de l'abbé de Saint-Vannes en présence du crime énorme qu'une fatalité inexplicable avait enfanté. Ce crime était pour lui comme un spectre horrible devant lequel il fuyait, après l'avoir si long-temps poursuivi. Oui, c'était la vérité toute nue qui venait soudain de sortir de son puits pour dénoncer la malice infernale des mortels, et porter l'effroi dans tous les cœurs. Et pourtant, bon gré mal gré, un peu plus tôt un peu plus tard, il fallait bien faire volte-face à ce spectre redoutable de la vérité. Le devoir, cette loi inexorable, le devoir l'ordonnait impérieusement. Un abbé de Saint-Vannes ne pouvait fermer les yeux, ne pouvait capituler avec sa conscience. Il fallait prendre un parti..... se décider..... le crime existait..... Le coupable?..... hélas! on ne le connaissait que trop!..... Oui, c'en est fait, il faut une victime!..... Dieu et les hommes l'exigent.

Après donc y avoir mûrement réfléchi, après avoir pesé le pour et le contre, pris toutes les mesures que lui dicte la prudence, l'abbé se hasarde enfin à faire comparaître devant lui l'infortuné qu'une prévision presque certaine lui désigne. Mais, en même temps, et toujours par mesure de prudence, l'abbé décide que l'entrevue aura lieu sans témoins, *à huis clos*. Personne ne peut, ne doit être présent lorsque de tels mystères d'iniquités seront divulgués. Le crime n'est-il pas assez grand sans le grandir encore de tout l'éclat du scandale? de tout l'éclat de la publicité?..... Oui, l'interrogatoire..... l'aveu..... le châtiment..... seront enveloppés dans le plus profond secret. L'affreuse vérité, puisqu'il le faut, l'affreuse vérité sera connue, mais soudain elle sera *ensevelie* pour jamais dans les *entrailles de la terre*.

Parais, ô toi sur qui plane un horrible

soupçon!..... Parais!..... ton juge t'attend.....

Oui, c'est toi! qu'un juge sévère appelle; c'est toi, pauvre jeune homme! être infortuné! être mystérieux! c'est toi qu'un juge inflexible attend..... Toi qui ne pressas jamais le sein d'une mère..... toi qui ne connus jamais son doux sourire..... toi qui ne bus jamais que la coupe amère de l'infortune..... toi qui ne mangeas jamais que le pain si dur de l'esclavage..... Parais!..... c'est toi que l'on accuse..... toi!!!... Viens donc devant ton juge..... Il est sans pitié, je t'en avertis..... il est inexorable, sois-en bien sûr..... Si tu es coupable, le plus affreux châtiment t'est réservé..... Viens donc, il le faut..... Entre..... mais non, auparavant, laisse sur le seuil du terrible tribunal, laisse tout espoir, toute espérance (1)..... puis alors..... viens..... entendre..... ton arrêt!!!

(1) Lasciate ogni speranza
Voi ch'entrate.

(*Il Dante.*)

Approche!!!

Approche!!!... courbe ton front ombragé de tes beaux cheveux..... rejette en arrière l'humble capuchon qui voile tes joues de lis et de rose..... Ose lever tes yeux d'azur sur ton juge..... Peut-être alors tant de charmes l'attendriront-ils!..... Une larme, une seule larme, entends-tu bien?..... tu l'irriterais peut-être encore plus, si tu en versais davantage..... Là, ici, prosterne-toi..... de tes genoux tremblants presse le sol humide..... Silence! écoute! l'arrêt va être prononcé..... Ton sort va être décidé.....

Silence!!!

Au fond d'une vaste salle toute dépouillée, à peine éclairée par les pâles lueurs d'une lampe, apparaît, dans l'ombre, un vieillard revêtu du sévère habit des moines. Cet être mystérieux est là depuis quelques instants. Il est assis devant une espèce de table. Le silence règne autour de lui. L'agitation se peint dans tous ses traits. Ses regards inquiets semblent chercher quelque chose..... son œil encore vif est constamment attaché sur la seule issue qui s'ouvre sur cette sombre demeure.

Soudain un léger bruit s'est fait entendre..... Une porte a mugi sur ses gonds rouillés..... Quelqu'un s'avance à pas lents..... l'obscurité voile encore ses traits..... peu à peu ils se dessinent..... l'œil peut enfin les saisir..... c'est lui !.....

C'est Hyacinthe !!!

N'allez pas croire, lecteur, que j'aille vous raconter les horribles débats du redoutable tribunal..... N'allez pas croire que j'aille vous retracer de point en point, et jusqu'aux moindres détails, cette scène de désolation..... N'allez pas croire enfin que j'aille vous divulguer, vous offrir le crime tout palpitant ou plutôt l'épouvantable cauchemar de cette nuit infernale..... Non !!! je m'en garderai bien..... Non !!! mille fois non !!!... Ah ! bien plutôt je voudrais pouvoir jeter un voile impénétrable sur ce mystère d'iniquité..... Oui, je voudrais pouvoir l'ensevelir au fond des abîmes...... Je voudrais qu'il fût possible qu'il restât à jamais ignoré..... ou comme firent autrefois ces héros de la fable (1), je voudrais qu'il me fût permis de mettre un monstre redoutable sur le seuil du lugubre tribunal, afin que jamais nul être vivant ne pût approcher de ses abords.

Mais quittons ce style figuré; aussi bien vous l'avez sans doute déjà pénétré cet horrible mystère.... N'est-ce pas, lecteur, il vous a glacé d'effroi?...... et, comme le juge inexorable de l'infortuné Hyacinthe, vous vous êtes écrié :

Assez! assez!

Et, par trois fois aussi, l'abbé de Saint Vannes s'est exclamé de nouveau, en joignant ses mains tremblantes, et en les élevant vers le ciel :

Assez! assez! assez!

Hélas! quelques mots entrecoupés, quelques demi-aveux ne l'ont que trop mis sur

(1) Le dragon qui gardait la toison d'or.

la voie de l'affreuse vérité... Il sait tout... il a sondé l'abîme... mieux que personne il comprend maintenant l'énormité de ce crime inouï.... Des sanglots, des gémissements s'échappent de sa poitrine...—Malheureux enfant! s'écrie-t-il, malheureux enfant! qu'astu fait!.... que je te plains, que tu es à plaindre!.... dans ton infortune, tu n'as plus qu'à implorer, le reste de tes jours, la miséricorde du ciel, et aussi à le remercier qu'il ait permis que tu ne connusses pas toute l'étendue de ta faute..... Moi, moi seul il faut que je conserve dans mon cœur ce secret terrible..... que je le dévore en silence..... Ah! si ce Dieu bon dont tu as outragé les lois permettait que tu apprisses jamais la grandeur de ton offense, tu serais trop puni!!!.. ton châtiment serait trop épouvantable!!!.. Aussi, je dois tout faire, je ferai tout pour que tu en ignores toujours les affreuses conséquences. Oui, je dois ensevelir, j'ensevelirai pour jamais dans les entrailles de la terre, et le crime et le criminel..... La lumière n'est plus faite pour toi. Elle serait comme un feu dévorant pour tes yeux; elle tarirait la source des larmes que tu dois verser le reste de tes jours..... Les ténèbres, d'affreuses ténèbres sont maintenant la seule consolation que tu puisses espérer; elles seront pour toi le seul bien que tu puisses envier..... elles te déroberont à toi-même..... Ah! tu ne pourrais la soutenir cette vue, si tu savais..... Mais non, tu ne sauras rien, tu ne dois rien savoir..... Encore une fois, remercie le ciel..... qui dans sa bonté, dans sa clémence, pour te dérober aux regards accusateurs, aux regards foudroyants de tes frères, ouvre pour toi..... la tombe..... oui, la tombe!!!.. Suis-moi, malheureux! suis-moi; seul ici, j'en connais les chemins..... Suis-moi, et pour jamais dis adieu à ce bas monde!

Et, par trois fois, l'écho du terrible tribunal a répété : — Suis-moi!!!

Semblables aux éclats du tonnerre, ces

paroles redoutables ont atteré Hyacinthe. Soudain un horrible frisson l'a saisi; un froid mortel a pénétré tous ses membres; le sang ne circule plus dans ses veines; son cœur a cessé de battre. Immobile et muet, l'œil hagard, le regard consterné, dans un morne silence, il contemple son juge. En vain le malheureux jeune homme a entendu son arrêt, en vain l'abbé lui a ordonné de le suivre; une force surnaturelle et invisible, un pouvoir irrésistible semble enchaîner l'infortuné novice, et, comme par enchantement, le retenir à la même place. Il lui est impossible de se mouvoir, de faire un pas, un seul pas. Ainsi la tremblante colombe attend, sans pouvoir l'éviter, la gueule béante de l'horrible serpent qui va l'engloutir.

Mais déjà l'abbé s'est levé. Il semble transporté de colère. Ses yeux brillent de l'éclat le plus vif. Sur sa victime pâle et tremblante il jette des regards foudroyants. Il s'avance vers elle d'un pas rapide ; il bondît pour ainsi dire sur sa proie faible, sans défense. C'est l'aquilon qui renverse et emporte tout sur son passage. Soudain saisissant le malheureux Hyacinthe, l'abbé l'entraîne, et disparaît avec lui dans les sombres couloirs du monastère de Saint-Vannes.

Ainsi l'on voit un loup dévorant, la terreur des campagnes, s'enfuir au fond des forêts, pour dévorer, d'une dent affamée, le tendre et innocent agneau qu'il vient, par un affreux brigandage, de ravir sans pitié à l'amour de sa mère.

Neuvième Journée.

> Rien n'est à dédaigner des traditions et des coutumes populaires d'une cité : les moindres choses, en ce genre, se rattachent à son histoire primitive.
> (*Essai sur le moyen âge*, par l'auteur.)
>
> Le moyen âge est une ère de poésie.
> (*Id.*, *id.*)

Une sorte de fête populaire, dont l'origine se perd dans la nuit des temps, mais qui remonte, sans aucun doute, à cette époque reculée où la cité des Claviens embrassa le christianisme, mettait en émoi, le jour de Saint-Vincent, 22 janvier, tous les garçons de ladite cité. Tous les ans, à pareil jour, un beau coq, aux mille couleurs, à la crête rubiconde, aux éperons dorés, à la voix retentissante, au plumage ondoyant, tout couvert de rubans, était hissé au haut d'une longue perche, et promené dans toutes les rues, places et carrefours. C'était un insigne honneur de porter le coq. Aussi d'ordinaire était-ce le plus mauvais sujet, le plus effronté garnement, le plus redouté surtout, parmi cette bande joyeuse, qui se faisait adjuger cette charge enviée.

MM. les chanoines du chapitre de la cathédrale venaient de terminer l'office. C'était le signal du départ; car, en ce temps-là, il n'eût été convenable, il y a plus, il n'eût fait bon de se gaudir, de s'ébattre pendant qu'on chantait les louanges du Seigneur. Cette scrupuleuse bienséance sera peut-être taxée de barbarie par certaines gens..... mais, que voulez-vous? telle était alors la coutume, ainsi étaient faits nos bons aïeux, et nul n'aurait osé aller à l'encontre. Ce n'est pas qu'alors on valût mieux pour cela. Le vol, l'assassinat, l'empoisonnement, l'adultère, le viol et même l'inceste se voyaient comme..... à présent. Mais, au demeurant, on respectait la maison de Dieu, et le hart, la roue ou le bûcher faisaient prompte et bonne justice des *mécréants*, des *blasphémateurs* et autres gens de même farine. Au reste, je ne sais pourquoi j'apostrophe ici les mécréants et les blasphémateurs, car je doute fort, par le temps qui court, qu'on comprenne quelque peu le sens de ces deux mots. Mais revenons à notre procession du coq.

Déjà mille clameurs confuses ont fait retentir les airs :

— *La Saint-Vincent!!!*

— *Au coq billot!!!*

Tel était en effet le cri de guerre de la troupe; et ce cri se répétait, sans interruption, depuis l'instant du départ jusqu'à celui de l'arrivée au lieu fixé pour l'holocauste, car il ne s'agissait rien moins que d'occir le coq en question.

— Les voici! les voici! s'écriaient les citains en courant se mettre sur leur porte pour voir passer le cortége; les voici, voici le coq!..... Et en effet c'était lui, beau, resplendissant, majestueux, tout couvert de livrées, tout chamarré de rubans. Celui qui portait l'oiseau était un *des mauvais garçons* de la rue Montgault, maître Jean, puisqu'il faut l'appeler par son nom. Car il est bon d'avertir qu'en ce temps-là les habitants de presque tous les quartiers de la cité avaient un surnom. Ainsi on disait *les mauvais garçons* de la rue Montgault, *les musarts* de Saint-Pierre-l'Angeolé, *les truands* des rues de Rue et des Etuves, *les écorcheurs* de la rue des Minimes, *les* harnabaux de Saint-Victor (1). Pas n'est be-

(1) Au moyen âge, beaucoup de villes en France avaient de même leurs quartiers classés sous des appellations à peu près semblables. Ainsi, par exemple, Paris

soin, je pense, de faire un long commentaire sur ces surnoms; on comprend de reste qu'ils indiquaient, à ne pouvoir s'y méprendre, les bonnes, ou, si vous l'aimez mieux, les mauvaises qualités des susdits. Si bien que maître Jean, le plus méchant garnement de la cité, et, qui pis est, la terreur de ses dignes voisins et acolytes

avait aussi ses *mauvais garçons et ses truands*. Quant à la ville de Verdun, le surnom de *truand* qui se lit dans une pièce justificative, fort curieuse, citée par Roussel (preuves, p. 31, année 1426, n° 54), est donné à un certain Jehan, *dit le Truen*, fils de Colleçon Wiet de Verdun. Pour ce qui est du surnom de *musart*, il se trouve dans un manuscrit du XIIIe siècle, conservé à la Bibliothèque du roi, et offrant une sorte de nomenclature des surnoms donnés aux habitants des principales villes du royaume; on lit dans ledit manuscrit: *Li Musart de Verdun.*

Quant au surnom d'*escorcheur*, il était donné à certaines bandes qui ravagèrent maintes fois les environs de cette ville (voyez dom Calmet). Quelques débris de ces bandes ont donc pu venir s'établir à Verdun. Le surnom de harnabauxest trop connu dans cette ville pour le commenter. Restent les *mauvais garçons*, dont l'histoire de Verdun ne parle pas. Toutefois, parmi les *bons enfants* si communs dans cette ville, nous avons bien pu mettre, par compensation, quelques *mauvais garçons*.

(c'est à cela qu'il devait de l'avoir emporté sur tous ses compétiteurs); maître Jean, dis-je, portait fièrement le noble emblème des vieux Gaulois; emblème que nos aïeux adorèrent dans les temps les plus reculés, mais dont, plus tard, en détestation de leur idolâtrie, ils vouèrent, tous les ans, à la mort, le simulacre vivant (1). Car, je crois vous l'avoir déjà dit plus haut, et peut-être le saviez-vous déjà, ou l'aviez-vous deviné, ce beau coq si pompeusement porté en triomphe était conduit..... à la mort; c'est-à-dire qu'après lui avoir fait faire le tour de la cité, il était assailli, hors des portes, à coup de billots, jusqu'à ce que mort s'ensuivît. Il est inutile d'ajouter que celui qui

(1) Cette coutume de mettre un coq à mort, étant toute symbolique, et comme une sorte d'expiation du culte idolâtrique de nos pères, il serait absurde et de mauvaise foi de vouloir faire ici un rapprochement ou une allusion à ce nouveau coq gaulois, emblème de gloire et de courage, que les Français viennent de placer sur leurs étendards. En résumé, nous désavouons d'avance toute interprétation malveillante et injurieuse pour notre patrie.

donnait le coup de grâce au pauvre coq en devenait le possesseur, mais non sans qu'il en résultât bien souvent, entre les assaillants, maintes rixes, maintes querelles, maints horions, et autres menues denrées de cette sorte.

Quant au malheureux coq, il n'avait l'air nullement, je vous assure, de se douter du sort affreux qui l'attendait; car, ce jour-là, et c'était d'un bon augure, il chanta à gorge déployée, tout le long du chemin. Aussi les jeunes filles, en le voyant, s'écriaient : quel dommage, un si beau coq!..... Et maître Jean de prendre pour lui le compliment. Il se trompait pourtant; car, entre nous soit dit, le gars avait plus d'une peccadille à se reprocher envers lesdites demoiselles...., et plus d'une d'entre elles eût quelque peu ri de le voir, un instant, à la place de la victime.

Le coq fut d'abord porté devant l'hôtel de la Cité. Là, M. le maître échevin avec les notables était sur le perron pour voir passer le cortége. Il ôta son chaperon à la vue du noble emblème des Gaulois. Ainsi firent tous ceux qui l'entouraient. Le cortége se dirigea ensuite vers la place du Chapitre; puis, suivant les principales rues, il sortit par une porte à l'occident de la Cité, et s'achemina vers le mont sacré où le culte du vrai Dieu avait autrefois remplacé celui du coq gaulois. La haute perche au haut de laquelle il était hissé fut alors solidement fichée en terre, et armée de petits billots de bois, et non de pierres, toute la bande assaillit à tour de rôle le malheureux oiseau.... Toutefois le combat fut long et opiniâtre; ce ne fut pas sans peine que le coq perdit la vie, et sans faire retentir les airs de cris déchirants..... A la fin il ne cria plus..... Le sacrifice était consommé..... Mais pour cela tout n'était pas fini. Une autre lutte allait commencer, lutte non moins sanglante que la première, ou, tout au moins, aussi bruyante.

Et, en effet, cette troupe indisciplinée qui

venait de mettre à mort le coq, n'était point du tout d'accord sur celui qui avait porté le coup fatal. Plusieurs combattants se disputaient cet honneur; c'était à qui crierait le plus haut, c'était à qui se montrerait le plus rageur. Maître Jean surtout se faisait remarquer par sa pétulance, son audace. Peu osaient lui tenir tête; car s'il n'était pas toujours le plus fort, il était toujours le plus méchant; rarement on se disputait avec lui, sans revenir avec un œil poché ou quelques bosses; bref, maître Jean soutenait mordicus avoir tué l'oiseau. Y avoir contribué, je ne dis pas non; mais l'avoir tué, cela n'était pas clair; car, de l'avis de presque tous les assaillants, c'était un gros et gras truand de la rue des Étuves (1) qui avait porté le coup mortel. Mais le pauvre truand, qui n'avait ni la force ni la malice de maître Jean, n'osait souffler, encore bien moins faire valoir ses droits; on aurait

(1) Une rue de ce nom existait anciennement à Verdun.

même presque dit qu'il était honteux de sa victoire, tant maître Jean inspirait de terreur. Finalement, notre truand, tout truand qu'il était, avait encore assez de bon sens pour bien comprendre que, vis-à-vis d'un mauvais garçon, vis-à-vis surtout d'un gars comme maître Jean, le bon droit était moins que rien, si l'on n'y joignait la force. De sorte que ce dernier, soutenu par tous ses dignes voisins de la rue Mongault, qui ne valaient pas mieux que lui, tenait tête et aux musards, et aux truands, et aux écorcheurs, et aux harnabaux. Toutefois, et surtout parmi ces derniers, il y en avait plus d'un qui n'auraient pas craint maître Jean, et dans le besoin qui l'auraient secoué de la bonne sorte. Mais celui-ci tenait ferme, montrait une audace imperturbable, et, en profond politique, s'était déjà nanti des enjeux. Car, voyez-vous, en tout temps et pour tout pays, cette politique envahissante a toujours réussi.

Les adversaires de maître Jean le sentaient bien. Aussi, pour se venger décochaient-ils sur le perfide les traits les plus acérés. Toute sa vie était passée en revue, et Dieu sait si le chapitre était long et édifiant. Car, entre nous soit dit, maître Jean, à peu de chose près, pour ses nombreux méfaits, avait bien mérité la hart..... et j'en ai vu qui en furent gratifiés à moins de frais.

Toutefois, en madré coquin, maître Jean jugeant qu'il était à propos de faire tant soit peu diversion à la cabale soulevée contre lui, aux clameurs dont il était le but, profita avec assez d'à-propos, d'une circonstance fortuite qui se présentait. Apercevant à l'une des fenêtres du monastère de Saint-Vannes un religieux qui, lui aussi, avait voulu être spectateur du trépas du coq gaulois, il l'apostropha tout-à-coup de ses lazzis, en feignant toutefois que c'était Hyacinthe qu'il voyait. (Il est inutile d'avertir le lecteur que ce ne pouvait être le malheureux novice.)

— Que regarde ce moinillon? s'écria-t-il d'un ton goguenard; voudrait-il aussi me disputer mon coq?..... qu'il y vienne un peu pour voir..... Nom d'une morue, je lui en fais avaler toutes les plumes jusqu'à la dernière, et les éperons par dessus le marché!.....

— A qui maître Jean en veut-il? riposta aussitôt un écorcheur qui n'avait jamais entendu parler d'Hyacinthe.

— Comment, tu ne connais pas le fils de Bethsabée? répliqua un musar de la rue Saint-Pierre l'Angeolé.

— Le fils de Bethsabée! s'écria soudain toute la troupe en poussant de grands éclats de rire, le fils de Bethsabée! voilà un singulier nom de guerre.

— Eh! oui, le fils de Bethsabée, ce greluchon d'Hyacinthe, qui fait les yeux doux à... maître Jean n'acheva pas.

— A qui? fit d'un ton doucereux Maître Nicolet.

— Cela ne regarde pas un harnabaux,

reprit maître Jean qui s'était aperçu qu'il en avait peut-être un peu trop dit.

— Ah! ah! maître Jean recule, s'écria en chorus toute la bande qui avait compris de reste l'imprudence de celui-ci... Allons, allons, il faut qu'il rende le coq, ou.....

— Que celui qui est assez hardi pour parler ainsi se nomme, et nous verrons beau jeu, riposta maître Jean qui se contenait à peine.

— Ne serait-il pas à propos, fit alors maître Nicolet, qui ne voulait pas laisser tomber l'imprudence du mauvais garçon de la rue Mongault; ne serait-il pas à propos de prendre pour arbitre du différent, le mari de la dame en question? et.....

—Approuvé! approuvé! s'écria tout d'une voix cette bande de méchants garnements qui se pâmaient d'aise en voyant l'embarras de maître Jean.

— Je serais plutôt d'avis qu'on consultât votre père, maître Nicolet, répondit maître Jean sans se déconcerter...... pourriez-vous bien nous dire où il demeure?..... Répondez donc, l'ami.....

— Approuvé! approuvé! s'écria derechef la bande joyeuse, que cette infernale malice réjouissait au dernier point; approuvé! Nous nous en rapporterons tous bien volontiers au père de maître Nicolet, c'est un si brave homme!....

— Qui n'a jamais fait parler de lui, reprit un écorcheur.

— Avec lequel nous ferons connaissance de grand cœur, ajouta un autre.

— Approuvé! approuvé! répétait en chorus toute cette foule en goguette; approuvé! approuvé!

Vous devinez de reste, lecteur, sans que j'aie besoin de vous le dire, le cas de maître Nicolet. Sa mère était la plus brave des femmes : mais là se bornait toute la famille..... du sire. Quoi qu'il en soit, grâce à tous ces méchants lazzis, et à la confusion de ce dernier, maître Jean avait reconquis presque toute son audace prenière, et sa cause aurait peut-être pris une bonne tournure, si, pour son malheur, il ne s'était trouvé là un clerc d'huissier qui faisait le beau parleur, et passait pour tel..... dans les rues Saint-Victor et Ozomont. C'était un franc Harnabaux, moqueur, chicaneur, joueur, buveur, tant soit peu escroc, et bavard, bavard s'il en fut jamais. Or, l'on sait de reste tout ce que vaut cette brillante qualité. Et puis il était parfaitement au fait de la chronique scandaleuse de la cité; les méfaits des mauvais garçons de la rue Mongault, et surtout ceux de maître Jean leur chef, lui étaient bien connus. Turlupin était son nom. Il se mit donc à pérorer, d'abord d'une manière assez insignifiante, en véritable homme du métier, et seulement pour embrouiller encore davantage cette affaire qui dejà ne l'était pas mal. Ensuite, s'échauffant par degrés, et du geste et de la voix, il fit si bien qu'il obtint un peu de silence, ce dont il profita vite pour défiler tout ce qu'il savait, et, plus encore, ce qu'il ne savait pas.

— Mes amis, s'écria-t-il enfin, je suis d'avis que maître Jean fait bien de se nantir du coq ..... ne lui en faut-il pas un pour ses poules?.....

— Pour ses poules? fit toute la tourbe en ricanant d'un air d'incrédulité et de mépris.

— Oui, pour ses poules.

— Allons donc! maître Jean avoir des poules !

— Il a des poules, vous dis-je, et qui ne lui coûtent pas cher.

— Bah !

— Avez-vous donc oublié l'histoire de ce pauvre Bastien qui gagnait sa vie en vendant, tout le carême, des œufs frais à mesdames de Saint-Maur (1)?

— Oh! oh! cela doit être drôle! contez-nous donc cette histoire, maître Turlupin, s'écria toute la bande, qui connaissait

(1) Abbaye de bénédictines à Verdun.

pourtant fort bien l'aventure en question, mais qui n'était pas du tout fâchée qu'on en rafraîchît la mémoire de maître Jean, pour sa confusion.

— Comment, vous ne vous rappelez pas cette affaire qui fit tant de bruit?

— Encore une fois, contez-nous ça, maître Turlupin; allons, dépêchez-vous!

— Pardi! c'est bien aisé à conter. Le père Bastien avait des poules qui étaient son unique bien. Les dames de Saint-Maur, comme je vous l'ai dit, ne voulaient manger que des œufs du bon homme. Il paraît que cela déplut à maître Jean. Toujours est-il qu'un beau matin toutes les poules de ce pauvre Bastien furent trouvées avec des coqueluchons et des lunettes de papier; le cas était grave; il parvint aux oreilles de madame l'abbesse (1). On assembla le chapitre, et, d'une commune voix, on décida qu'on ne mangerait plus les œufs de poules qui portaient irrévérencieusement

(1) Marie de Buzière.

des coqueluchons et des lunettes. Mons Bastien s'inquiéta peu d'abord de cette décision de béguines, s'imaginant qu'il vendrait ses œufs aux citains..... Bernique !..... pas davantage. Personne ne voulut manger les œufs en question. Bien plus, de bonnes femmes, ou plutôt les plus méchantes carognes que la terre ait jamais portées, répandirent malicieusement le bruit que les poules du père Bastien étaient ensorcelées, de sorte que le pauvre homme ne put même pas les vendre; et, pour comble de disgrâce, on alla jusqu'à lui intenter un procès sur le fait d'avoir voué ses poules au diable ..... si bien que, si le malheureux Bastien n'était mort de chagrin de tout cela, il serait mort..... sur un bûcher.

— Et les poules, s'écria la bande en poussant de grands éclats de rire, que sont-elles devenues ?

— Ce que les poules sont devenues ?..... Ah! bien oui, demandez-moi ça..... Il est clair qu'elles n'ont pas été perdues pour tout le monde, et que celui qui avait su les encoqueluchonner et leur mettre des lunettes, a bien pu aussi, sans aucun doute, les mettre dans son pot.

— Il faut avouer qu'il y a des gens bien bêtes, de croire bonnement que des poules peuvent être ensorcelées, fit alors maître Jean, qui payait toujours d'effronterie.

— Le croire, à la bonne heure! répliqua maître Turlupin; mais essayer de le faire croire, c'est autre chose.

— Si vous n'avez que d'aussi sots contes à nous faire, maître Turlupin, m'est avis que vous feriez aussi bien de vous taire, fit encore maître Jean avec impatience, et.....

— En voulez-vous un autre? répliqua soudain maître Turlupin en l'interrompant.

— Oui, oui, s'écria-t-on de tous côtés.

— Eh bien! vous serez satisfaits. Le fait est positif; toute la cité en a été imbue dans le temps; et maître Jean, je pense, ne me démentira pas, car il s'en est vanté à moi-même.

— Au fait! au fait! s'écria-t-on de nouveau.

— Mon Dieu! avez-vous donc oublié l'aventure de cette pauvre Ursule, la gouvernante de monsieur le doyen du chapitre, et le mauvais tour que lui joua une terreur subite, un soir, en rentrant chez elle? Personne ne se doutait du cas de la chaste demoiselle; la pauvrette croyait bien aussi de son côté que tout se passerait secrètement..... Hélas! pourtant elle se trompait, et devint la fable de tout Verdun, grâce à un maudit garnement dont les folies nocturnes dérangèrent les lois de la nature, et avancèrent le terme de la pauvre créature..... Eh bien, cette fatale épouvante, ou plutôt ce perfide épouvantail, qui fit tant de tort à la réputation jusque là intacte de madame Ursule, c'était..... maître Jean.

Et un éclat de rire général s'éleva du sein de cette troupe moqueuse et indisciplinée.

— Oh! oh! mes amis, fit alors maître Turlupin, que les applaudissements encourageaient, j'en sais bien d'autres encore, et le temps me manquerait plutôt que la matière, s'il fallait vous conter tout ce que l'on dit de maître Jean.

— Contez, contez toujours, s'écria-t-on tout d'une voix.

— Maître Jean y consent-il? fit maître Turlupin d'un ton de voix doucereux.

— Ma foi, si cela vous amuse, répondit sèchement maître Jean, qui déguisait de son mieux le courroux qu'il éprouvait.

— Oh! mais pour celui-ci, c'est un tour pendable! car, s'il m'en souvient bien, les victimes furent en grand nombre. Je crois même, Dieu me pardonne, qu'il en existe encore bon nombre dans la cité..... Quoi qu'il en soit, ce fut à une messe de minuit de la paroisse de Saint-Médard que se passa le fait. Vous saurez donc que maître Jean, qui se mêle quelquefois de griffonner, mais qui vraisemblablement ce soir-là ne savait plus que faire de son encre, l'alla verser, à la nuit tombante, dans le grand bénitier, à la porte de l'église. Vous devinez, de reste, je pense, ce qu'il en advint..... Tous ceux qui allèrent à la messe de minuit, et le nombre en était grand, furent stigmatisés, au front, d'un signe indélébile. Hommes, femmes, filles, rien ne fut épargné. Pas n'est besoin de dire que maître Jean, hypocritement à deux genoux dans un coin, non loin de l'endroit fatal, se donnait l'infernal plaisir de jouir de sa malice. On aurait bien pu rire avec lui de ce maudit tour, s'il n'avait pas eu des suites déplorables; malheureusement il n'en fut pas ainsi. En effet le monstre qui est là devant vous, non content d'avoir marqué ses victimes, répandit encore le bruit, avec une perfide adresse, que toutes les femmes et les filles de la paroisse, au lieu d'aller à la messe de minuit, étaient allées..... au sabbat; à telle enseigne, ajoutait-il, qu'elles en étaient toutes revenues avec une marque noire au front, dont les avait gratifiées le diable (1). Plus le

(1) Au moyen âge, c'était une croyance généralement

fait était incroyable, plus il obtint de croyance. On n'en douta plus, surtout lorsque le lendemain toutes ces malheureuses, qui n'avaient pu ou su faire disparaître le signe fatal, se montrèrent à la grand'messe et dans les rues de la cité.....

— Est-il possible, s'écriait-on du plus loin qu'on apercevait certaine dame, certaine demoiselle qui avait joui jusque là d'une bonne réputation ; est-il possible qu'elle ait été voir le diable? En vain en aurait-on voulu douter, la marque noire, le signe satanique était là.... là, entre les deux yeux... Le plus risible de cette affaire était de voir certaines commères plus bavardes que les autres, et ne se doutant pas d'avoir aussi la terrible marque, faire d'un ton précieux de grands hélas, ou plutôt des gorges chaudes, de ce dont elles étaient chamarrées toutes les premières. Il faut en convenir, cette comédie avait bien son

répandue que ceux qui allaient au sabbat étaient marqués par le diable.

côté plaisant. Quant aux maris, quelques uns assez sots pour ne pas entendre raillerie sur l'article..... faisaient vacarme à leurs chastes moitiés..... Mais le mal était sans remède..... (car alors *la belle invention* du divorce n'avait pas vu le jour). Il fallait donc, bon gré mal gré, garder sa femme, bien qu'elle sortît des griffes du diable. Quant aux fillettes qui furent reconnues pour avoir été marquées du signe néfaste, oh! pour celles-là pas une ne put trouver de mari. Aurait-on voulu avoir les restes de Satan?... Aurait-on voulu avoir une femme qui avait été... au sabbat?.. au sabbat (1)!!! Bref, de toutes ces pauvres filles bien et dûment stigmatisées de la livrée de Satan, aucune ne vit s'allumer les flambeaux

(1) Il faut se reporter au moyen âge pour pouvoir apprécier toute la valeur de ce mot. On ne la comprend plus maintenant, nous sommes si éclairés!..... Mais alors, il n'en était pas ainsi. On allait..... ou tout au moins, on croyait qu'on allait au sabbat. On savait, sur le bout du doigt, tout ce qui s'y passait. ... Le dernier des citains vous l'aurait conté..... Beaucoup même auraient juré, non pas y avoir été, ils n'avaient garde, mais avoir en-

de l'hyménée. Elles furent, sans comparaison toutefois, comme les poules de ce malheureux Bastien dont personne ne voulut....... tâter. Et si nous voyons encore maintenant dans la cité tant de filles qui ne sont pas pourvues, c'est qu'elles ont été ou qu'elles passent pour aller... au sabbat.

— Il faut avouer que voilà un tour atroce! fit un gros truand qui n'avait encore dit mot.

— Il vous sied bien de parler, monsieur le truand, repliqua soudain maître Jean qui commençait à se lasser de cette impertinente chronique qu'on divulguait à ses dépens. Par hasard croiriez-vous que j'ignore vos faits et gestes?

— Pour Dieu, monsieur maître Jean, ne parlons pas de mes faits et gestes, ils ne

tendu la nuit ceux qui allaient..... au sabbat. Il en est même, je crois, quelques uns qui vous auraient assuré avoir vu ceux qui y allaient. Et comment en douter? quand ils vous auraient dit, à point nommé, dans quel équipage étaient ceux qui s'y rendaient.

sont pas dignes d'entrer en ligne de compte avec les vôtres.

— Avec les miens...., je vous prouverai, si vous voulez, que vous en avez de plus noirs à vous reprocher.

— Vous seriez bien adroit.

— M'en défiez-vous?....

— Oui.

— Je vous prends au mot; et vous, mes amis, je vous prends pour juges.

— Oh! oh! s'écria la troupe en goguette; nous allons rire.

— Vous saurez donc, fit maître Jean qui ne se sentait pas d'aise de pouvoir prendre enfin sa revanche, vous saurez donc que ce vieillard tout déguenillé, que vous voyez mendier son pain, tous les jours, et par tous les temps, à la porte de la cathédrale, n'a pas toujours été pauvre comme il est maintenant. Il fut riche, et le serait encore, s'il n'avait pas été victime de la fourbe d'un infernal coquin. Le père Jérôme, c'est le nom de l'infortuné, détentait, pour messieurs du chapitre, le Moulin-l'Évêque; bon et beau moulin, s'il en fut jamais. Une douzaine d'ânes, les plus beaux ânes qu'il soit possible de voir, faisaient le service du moulin conjointement avec maître Jérôme. Il paraîtrait que les ânes en question qui travaillaient plus et à bien meilleur compte qu'un fainéant de truand, excitèrent la jalousie de ce dernier. C'était, comme vous voyez, jalousie de métier, ou plutôt jalousie de frère. Toujours est-il qu'une belle nuit que les ânes paissaient tranquillement dans le Pré-l'Évêque, un vrai chenapan, un truand, puisqu'il faut l'appeler par son nom, un truand peut seul faire de ces tours; un truand, dis-je, ayant attrapé tous les chats qu'il put attraper, les attacha à la queue de ces pauvres ânes. On devine de reste ce qu'il en advint. Toute la nuit, au lieu de paître, les malheureuses bourriques, harcelées par les chats, ne firent que galoper dans la prairie. D'un autre côté, les matous devenus furieux s'étaient tous cramponnés et blottis sur les dos et les têtes des ânes, et là jouaient de la patte à qui mieux mieux; si bien que le matin, il fut impossible non seulement de détacher les chats de la queue des bourriques, mais même de joindre celles-ci. C'était des hi han! des miaulements, des ruades, des coups de griffe, à faire reculer les plus hardis. Bref, il fallut se passer des ânes ce jour-là..... les jours suivants de même..... Anes et chats n'avaient de repos et ne prenaient de nourriture ni jour ni nuit, si tant est qu'à la fin les matous devinrent enragés et les bourriques aussi..... Le bruit courut alors, et l'on devine assez qui avait répandu ce bruit, qu'il y avait de la magie dans toute cette affaire (1)..... Le pauvre Jérôme, qui n'en pouvait mais, fut donc accusé de sorcellerie. Oui, on fut assez méchant pour dire partout qu'il avait ensorcelé ses ânes, et assez sot pour le

(1) Au moyen âge, on voyait de la magie partout.

croire..... Enfin messieurs du chapitre, pour couper court à tout cela, mirent à la porte de leur moulin le malheureux Jérôme, et c'est lui, lui que vous voyez aujourd'hui demander l'aumône sous le portail de la cathédrale..... Quant à l'infernal moteur de cette déplorable aventure, je n'ai pas besoin de vous le nommer, vous l'avez devant les yeux..... Décidez maintenant, mes amis, lequel est le plus coupable de celui qui a marqué au front de méchantes péronnelles, de rusées bégueules, et, par là, a rendu un vrai service à ses concitoyens, ou de celui qui a joué le jeu de les faire mourir de faim.

— Ma foi, le truand mérite la hart, s'écria en chorus toute la bande.

Or, il est bon qu'on le sache : à cette époque, dire et faire étaient une même chose; de sorte que mon truand allait, ou peu s'en faut, être accroché au premier arbre. Toutefois il était facile de prévoir que le patient ne serait guère disposé à se prêter de bonne grâce à cette opération majeure ; aussi se mit-il sur la défensive..... et ses amis les truands de lui faire un rempart de leurs corps. Les écorcheurs, qui étaient toujours du parti le plus vilain, firent bande avec eux..... Les musarts gardèrent sagement la neutralité..... Quant aux harnabaux, ils étaient sur le qui-vive, et attendaient courageusement lesquels, des mauvais garçons ou des truands, seraient les plus forts. De sorte que, de paroles en paroles, on en était venu aux horions, et les tapes allaient grand train..... Il est bon de faire remarquer que maître Jean, qui aurait dû plutôt se retirer avec son coq, était le premier à la tête des combattants, et distribuait, à droite, à gauche, force coups de poing et bourrades, le tout à la plus grande gloire des gens de sa clique.

Malheureusement pour eux, nos vilains ne s'étaient pas aperçu que les soldoyers d'un poste voisin s'avançaient en silence et en bon ordre vers le théâtre de la rixe...... Toutefois les moins échauffés des combattants les virent venir encore assez à temps pour prendre le large, et gagner aux pieds... Mais maître Jean, qui travaillait toujours de son mieux, ayant négligé de prendre ce sage parti, fut bientôt appréhendé au collet par un vigoureux soldoyer qui, lui mettant la hallebarde sous le nez, lui demanda de quoi il s'avisait de troubler le repos de la cité ?..... A cette apostrophe inattendue, maître Jean crut pouvoir répondre que ses affaires ne regardaient personne..... Mais en ce temps-là soldoyers ne se payaient pas d'une aussi mince monnaie..... Et puis la liberté individuelle était alors très peu respectée : on ne se doutait même pas de cette velléité; un manant qui se serait avisé de la réclamer se serait fait moquer de lui. Ainsi fit le soldoyer à maître Jean, qu'il conduisit au poste, non sans lui administrer de temps en temps quelques horions, seulement pour le faire marcher plus lestement, ou, si vous voulez, pour lui donner une première leçon de l'allure militaire.

Malheureusement encore pour maître Jean, le guet s'aperçut bien vite que mon gaillard cachait quelque chose sous son hoqueton, et voulut savoir ce que c'était..... Force fut d'obéir, et d'exhiber le coq..... Naturellement l'oiseau plut aux soldoyers, qui, sans plus de façon, sans même demander pardon à maître Jean *de la liberté grande*, s'approprièrent le volatile. Comme le mauvais garçon de la rue Mongault hasardait quelques réclamations, ceux-ci répondirent fort sensément qu'il n'était pas du tout décent de marcher en compagnie d'un coq, que d'ailleurs l'oiseau étant paisible, il n'y avait pas lieu à ce qu'il comparût devant monsieur le maître échevin. Et, en effet, c'était devant le premier magistrat de la cité que les soldoyers se disposaient à conduire maître Jean.

Ah! qui aurait voulu alors être bien loin?.. c'était, n'en doutez pas, ce dernier, surtout lorsqu'il se rappelait les petits différends qu'il avait déjà eus avec le seigneur échevin, qui, soit dit en passant, ne plaisantait pas sur l'article. Aussi, pendant le trajet du poste à l'hôtel de la cité, le malheureux captif rumina plusieurs fois s'il ne pourrait pas s'esquiver..... Mais, hélas! les soldoyers faisaient bonne garde; au premier pas équivoque de maître Jean, le bois des hallebardes lui eût fait expier chèrement sa folle témérité..... Il se résigna donc à son triste sort..... sachant fort bien, et ce par expérience, le châtiment sévère qui l'attendait là bas.

Or, messire Isidore d'Azanes était en ce temps-là premier maître échevin de la cité de Verdun. Il était issu d'une de ces nobles familles lignagères qui, de temps immémorial, avaient l'insigne prérogative de donner un premier magistrat à la ville. Deux autres familles non moins nobles, les de La Porte et les d'Estouf, partageaient avec lui cet honneur. Bref, c'était devant messire Isidore d'Azanes, premier maître échevin, que maître Jean allait comparaître.

En ce temps-là la justice était prompte, sommaire, fort expéditive. Or c'était un délit assez grave d'avoir troublé le repos de la cité et des citains; et en pareil cas le coupable ne pouvait échapper au châtiment..... Chacun le savait bien, et le mauvais garçon de la rue Mongault mieux que personne; car, sans reproche toutefois, il n'était pas à son premier méfait; déjà, plus d'une fois, il avait *ressenti* la paternelle influence de la justice, et ses *touchantes admonitions.* Aussi n'allait-il devant elle qu'avec beaucoup de répugnance, et, comme dit le proverbe, à peu près comme un chien qu'on fouette. Mais il n'y avait pas à tortiller, et le mieux, le plus court, en pareil cas, était..... *de faire contre fortune bon cœur.*

Après avoir parcouru des rues étroites et tortueuses, en compagnie de ses rébarbatifs gardiens, et non sans quelque honte de se voir l'objet des regards et des lazzis des habitants, qui le connaissaient presque tous..... de réputation, maître Jean venait enfin d'arriver à l'hôtel où se tenait d'ordinaire le seigneur échevin.

— C'est donc toujours maître Jean qui fait des siennes? s'écria, d'une voix tonnante, messire Isidore d'Azanes, du plus loin qu'il aperçut mon drôle..... Il est donc incorrigible, ce mauvais garçon?..... Parbleu! je ne m'y serais pas attendu, d'après la dernière entrevue que nous avions eue..... Eh bien! puisqu'il paraît avoir oublié la leçon paternelle que nous lui avions charitablement donnée, eh bien! il faudra recommencer sur de nouveaux frais..... Qu'en dit maître Jean?.....

Et maître Jean de rester muet à ce bel exorde qui ne lui présageait rien de bon.

Et messire Isidore d'Azanes de toiser, de la tête aux pieds, mon vilain, et de lui lancer un de ces regards scrutateurs qui vous pétrifient pour ainsi dire un coupable.

— Çà, de quoi s'agit-il? reprit encore le

maître échevin ; allons, qu'on avoue tout...., surtout point de détours..... point de mensonges.....

Et maître Jean de garder le silence.

— M'est avis que maître Jean soit bien coupable de n'avoir pas un seul petit mot à dire pour sa justification, fit toujours sur le même ton M. d'Azanes.

Et maître Jean de baisser les yeux et de trembler de tous ses membres.

— Or sus, puisque le mauvais garçon de la rue Mongault ne veut pas nous conter son cas, contez-nous-le, vous autres, s'écria M. le maître échevin en s'adressant aux soldoyers.

Le cas n'était ni long ni difficile à conter..... En un instant *la cause fut entendue*..... En un instant messire d'Azanes, fort expert en pareille circonstance, bien qu'il n'eût jamais pris ses degrés, ou, en d'autres termes, qu'il n'eût pas l'honneur d'être..... avocat, fit le procès à mon vilain, et, par grâce singulière, le condamna, en réparation du dommage qu'il avait causé au repos de la cité, à recevoir seulement la bagatelle..... de vingt coups d'étrivières..... C'était alors le *minimum* de la peine..... et franchement, par le temps qui courait, on ne pouvait faire plus en faveur du coupable.

A ce bel arrêt, il n'y avait pas d'*appel*..... car, en ce temps-là, on était si peu éclairé, que cette porte de derrière, ouverte aux coupables par notre civilisation moderne, n'était pas même soupçonnée. Maître Jean toutefois était bien tenté de marchander tant soit peu..... Il n'en fit rien pourtant, et fit bien; car, voyez-vous, cet Isidore d'Azanes, premier maître échevin de céans, était un homme si singulier, qu'il eût été de force à doubler la dose, à la plus petite réclamation du coupable..... Cela paraîtra sans doute absurde, injuste même, si vous voulez, à nous autres hommes de l'an de grâce 1838, mais alors c'était tout différent. Oh! comme en ce temps-là on était.....

Bon ou bête, allez-vous dire?..... Eh!

mon Dieu, ni l'un ni l'autre. Mais revenons bien vite à notre mauvais garçon, si nous voulons voir la fin de son procès; car, en ce temps-là, il faut encore que vous le sachiez, et je crois vous en avoir dit quelque chose, la justice, dans ses arrêts, procédait avec tant de célérité, que, tandis que nous faisons ici du sentiment, maître Jean a déjà subi sa peine.....

Ainsi était faite *la police correctionnelle de ce bon temps*, dont je viens de vous offrir une esquisse aux dépens de maître Jean, qui, sans demander son reste, avait décampé lestement, avec ses vingt coups d'étrivières, lesquels lui avaient été administrés fort dextrement, et au vu et au su de tout le monde, par un quidam *ad hoc*, fort au fait en cette louable besogne.

Toutefois, et comme pour indemniser de cette prompte et sévère justice, le *droit d'asile* existait alors pour les grands coupables, dans le chœur de la cathédrale de Verdun; et messieurs les magistrats eussent mal passé leur temps de violer ce droit, au détriment de ceux de l'église, toujours soutenue par le seigneur évêque, ainsi qu'il appert par une certaine aventure qui fit assez de bruit, et qui s'était passée, quelque temps auparavant, sous l'épiscopat de monseigneur Guillaume Filastre (1).

Or, en ce temps-là, il faut vous dire encore, que cette noble cité des Claviens si bien entourée depuis de murs et de remparts, était alors fort circonscrite, très resserrée dans l'enceinte de ses murailles flanquées, de distance en distance, de grosses tours crénelées, ce qui lui donnait l'aspect bien moins d'une ville que d'un château. Ce n'était plus cette immense cité, cette cité florissante qui, sous la domination romaine, passait pour une des clefs de la Gaule Belgique. Les Huns, sous la conduite du féroce Attila, avaient passé par là..... C'est assez dire qu'un mon-

(1) C'est à l'histoire du vigneron Martin Crochet que l'on fait ici allusion. (Voyez Roussel.)

ceau de décombres fumants était partout la seule trace qui pût faire reconnaître, long-temps encore après, les lieux où fleurirent maintes cités riches et opulentes.

En ce temps-là encore presque toute la noblesse verdunoise habitait le faubourg situé au midi de la ville vieille. On peut du moins le présumer, d'après la multitude d'épitaphes armoriées qu'offrait l'église Saint-Sauveur. Mais le temps, de sa faux dévorante, a fait disparaître toutes ou presque toutes ces familles qui firent long-temps l'honneur et la gloire de l'antique cité des Claviens. Enfin il est à remarquer qu'alors le titre de *citain* ne s'accordait qu'aux familles lignagères, et qu'on ne dérogeait point par des professions où l'industrie, de moitié avec l'activité, amenait d'honorables richesses.

En ce temps-là encore, au lieu de ces maisons plates, uniformes, badigeonnées de nos jours, que l'on sait toutes par cœur quand on en connaît une, on voyait des pignons aigus aimés des hirondelles; de frêles tourelles liées en gerbe, autour de ces hôtels d'un duc de Bar; des murs épais, indestructibles, percés de fenêtres ogivales; des escaliers en spirale, et, au faîte de ces escaliers mystérieux, de vastes salles brumeuses, pleines de vent, de froid, d'écho, de spectres, de fantômes, d'apparitions, de voix inconnues, de soupirs..... de soupirs d'amour..... là, sur les murs, et en guise de tapisseries, se voyaient quelquefois..... des taches de sang!!! celui peut-être d'une épouse infidèle..... d'un mari jaloux..... Puis, de distance en distance, à l'angle d'une rue étroite, tortueuse, apparaissait soudain une église gothique, un saint monastère, où cette épouse infidèle, où ce mari outragé venaient puiser des consolations..... Puis, tout autour de ces édifices sacrés que le peuple ne pouvait s'empêcher de considérer avec respect, étaient de hautes croisées dentelées, fleuries en rameaux de vignes, tout étincelantes de vitraux peints; puis, enfin, au faîte de la sainte basilique apparaissaient des gargouilles faisant la grimace aux grimaces des passants. On voyait encore..... mais non; on ne voit plus rien maintenant que des maisons badigeonnées, plates, uniformes..... La *bande noire* a passé par là.....

En ce temps-là encore, il n'y avait ni acacias sur les promenades, ni réverbères dans les rues. Passé neuf heures du soir, malheur à l'imprudent qui se serait aventuré au sein des rues tortueuses de la cité. Le guet, ou tout au moins des coupeurs de bourses en auraient fait leur affaire. Ce qui n'empêchait pas cependant l'amour d'aller son train..... femmes et filles de faire..... les yeux doux..... garçons d'y répondre..... et les maris..... de ressembler, comme deux gouttes d'eau, à tous ceux que nous voyons aujourd'hui..... Ce qui n'empêchait pas encore M. le maître échevin d'être un fort habile homme, fort honoré, fort considéré; un peu rude toutefois en paroles, mais probe, juste jusqu'à l'excès, faisant bien souvent sa ronde la nuit, pour s'assurer par lui-même si tout était en ordre dans la cité; et, le lendemain, tonnant, hurlant, maugréant, sévissant, avec la dernière rigueur, contre..... les délinquants. Oh! c'était une vraie chaîne de puits que M. le maître échevin.

En ce temps-là encore, toutes les fillettes étaient jeunes, belles et vierges..... *autant que faire se peut*..... ce qui vraiment n'était pas peu de chose par le temps qui courait.....

En ce temps-là enfin, il y avait encore des fées à la Falouze (1).....

— Des fées!!! quel conte!!!

— Oui, des fées, vous dis-je, des fées.....

— Allons donc, vous plaisantez!

— Je parle très sérieusement, car, voyez-

(1) Cet endroit est situé à une lieu environ de Verdun. L'Etymologie du nom de Falouze se perd dans la nuit des temps, et n'a pas encore été donnée. Il y a plus, la terminaison de ce mot semble appartenir à la langue d'Oc.

vous, s'il n'y en a *peut-être* plus maintenant, c'est.....

— Eh bien?.....

— C'est votre faute..... oui, c'est votre faute..... Croyez-vous, par hasard, que les fées se montrent à ceux qui ne veulent pas y croire?..... aux esprits forts qui les tournent en ridicule?..... Oh! non, non, mille fois non!..... Mais alors c'était bien différent..... Et il y avait des fées à la Falouze parce que..... on le croyait..... Tenez, pour peu que vous en doutiez encore, je vais vous conter ce que j'en sais d'un mien ami, qui certes les avait..... vues, et..... Mais écoutez..... peut-être alors serez-vous moins..... incrédule.

— Dès ma plus tendre enfance, me dit-il un jour, dans un de ces moments où l'amitié s'épanche avec délices dans le sein d'un ami, dès ma plus tendre enfance, j'avais entendu parler des fées de la Falouze. Ce qu'on en racontait avait vivement piqué ma curiosité.

Toujours jeunes, toujours belles, elles se manifestaient quelquefois, assurait-on, aux mortels dont elles étaient éprises, dont elles voulaient faire la félicité. Près d'elles, des flots d'or ne tarissaient point..... près d'elles, on jouissait d'une jeunesse éternelle..... près d'elles, enfin, on était heureux à tout jamais..... Ces fées charmantes habitaient des palais de marbre revêtus de diamants, et situés au sein de ces grottes (1) profondes dont on ignore l'origine, mais que l'on voit de temps immémorial, aux rives de la Meuse, non loin du joli village de Belleray, et à une lieue environ au midi de la cité des Claviens. Toutefois, pour être aimé de ces belles fées, pour obtenir leurs faveurs..... il fallait donner des preuves d'une constance, d'une fidélité à toute épreuve. Voilà sans doute pourquoi si peu de mortels les ont vues. Il fallait, pour les

(1) Ces grottes existent encore. Une croyance populaire les dit habitées par des fées. Le reste..... est de notre invention.

voir, les attendre long-temps..... bien long-temps, sans se décourager, à l'entrée de ces grottes mystérieuses où elles faisaient leur séjour. C'était une espèce d'épreuve qu'on était forcé de subir..... C'était une sorte de pèlerinage qu'on était obligé de faire; mais, ce pèlerinage une fois entrepris, et pour qu'il eût un résultat heureux, il ne fallait pas songer à revoir ses pénates qu'on n'eût mérité, par sa constance, de voir enfin ces nymphes charmantes. Car, voyez-vous, celui qui aurait quitté ce poste de l'amour, lorsque chaque soir brille au firmament l'étoile de Vesper..... oh! celui-là n'aurait jamais vu les fées. Mais, en revanche (on l'assurait du moins), ceux qui avaient la constance d'attendre..... l'heure du berger..... ceux-là..... les fées leur apparaissaient; ceux-là..... étaient heureux à tout jamais.

Je venais d'atteindre mon troisième lustre; (remarquez-le bien, je vous prie, c'est toujours mon ami qui parle.....). A cet âge tout est encore mystère..... à la vérité, on n'est plus un enfant, mais on n'est pas encore un homme...... alors un feu brûlant vous dévore, pauvre infortuné que vous êtes, et vous ne pouvez l'éteindre. Ce feu intérieur, ce feu inconnu me dévorait..... me consumait...... J'étais haletant...... sans savoir pourquoi, de grosses larmes inondaient mes joues..... ma tête était brûlante.... mon cœur bondissait dans ma poitrine..... mes idées étaient confuses..... j'avais perdu l'appétit, le sommeil..... ou plutôt des songes mystérieux enflammaient tout mon être..... des désirs..... dont j'ignorais le sens, la portée, me fatiguaient horriblement..... Bien souvent alors, le souvenir des fées de la Falouze se présentait à mon esprit malade..... Comme je me les représentais belles !!! quelle séduisante idée je m'en faisais !!! Ah ! j'aurais tout donné pour les voir ! pour en être aimé ! Elles seules, je le croyais, je l'aurais juré, pouvaient assurer ma félicité... Mais comment faire?...

comment aller veiller nuit et jour près des grottes de ces belles fées?.... et puis peut-être revenir sans les avoir vues, et le pis de tout, être la fable, la risée d'une cité entière.

Ces tristes pensées m'avaient jeté dans une sombre mélancolie, dans un affreux désespoir....... et telle était ma préoccupation, que je pouvais dire être tout-à-fait étranger aux choses de ce monde..... Un jour pourtant que cette fièvre brûlante qui ne me quittait plus, ou plutôt qui semblait augmenter à chaque instant, bouleversait tous mes sens plus qu'à l'ordinaire, et m'ôtait le peu de raison que peut avoir un jeune homme de mon âge, je me dirigeai comme un frénétique, et presque sans savoir où j'allais, vers les grottes de la Falouze...... bien résolu, cette fois, de ne pas revenir que je n'eusse vu les fées..... car, entre nous soit dit, j'avais déjà entrepris bien des fois ce voyage, mais, on s'en doute, sans obtenir de résultat, n'ayant pas (il faut bien l'avouer, à ma honte) rempli les conditions de ce pèlerinage..... m'étant imaginé bonnement qu'il suffisait d'aller passer quelques instants à l'entrée des grottes, pour..... voir les fées...... Aussi étais-je revenu comme je m'en étais allé..... Mais, cette fois mon parti était bien pris..... plutôt mourir que de quitter ces grottes sans avoir vu les belles fées.... Il faut en convenir, c'était déjà beaucoup à mon âge *de vouloir* aussi fermement.

Ma course fut si rapide que j'arrivai tout trempé de sueur et exténué de fatigue à ce poste de l'amour..... Je crois même me rappeler qu'un pauvre pâtre qui paissait là son troupeau, se prit à rire de me voir en cet état qui me faisait ressembler à un insensé..... Je crois même encore me souvenir que je me serais peut-être porté à quelques fâcheuses extrémités envers ce malheureux, si je n'eusse été retenu par la crainte d'offenser les fées..... Telle est cependant la vérité..... oui, tel était sur mon esprit en délire, le pouvoir ou plutôt le charme irrésistible qu'excerçaient ces êtres surnaturels que j'idolâtrais, sans les avoir jamais vus!!!! Quoi qu'il en soit, je m'établis de mon mieux à l'entrée d'une des grottes, me promettant bien de ne pas quitter ce poste d'honneur que mes vœux n'eussent éte réalisés.

Ce premier jour la nuit vint..... mais non les fées..... Je dois même l'avouer, le temps me parut assez long, et plus longue encore la nuit. Je ne sais trop si je dormis..... toujours est-il que le soleil était déjà sur l'horizon, lorsque je me trouvai *seul*, le lendemain, à la même place où je m'étais mis la veille..... *Je me levai*, je courus me désaltérer à une fontaine qui coulait à quelques pas; des fruits secs, un morceau de pain encore plus sec firent les frais de mon déjeuner..... puis je retournai courageusement à mon poste..... La journée se passa assez bien..... l'espérance me soutenait; cette nuit que j'avais passée dans l'attente et à la belle étoile, chose qui ne m'était pas encore arrivée, m'avait donné une confiance illimitée sur l'heureuse issue de mon aventureuse entreprise, ou plutôt m'avait rempli de présomption, m'imaginant peut-être, avec quelque raison, que nul mortel n'en avait jamais fait autant..... pour voir les fées.

Quoi qu'il en soit, j'avais déjà passé deux jours et deux nuits sans résultat, et le troisième jour était sur son déclin..... Je commençais à trouver cette épreuve un peu longue..... Se faire attendre si long-temps, me disais-je, en pensant aux fées; se faire attendre si long-temps quand on est si impatiemment désiré!!! N'y avait-il pas de quoi se rebuter?..... Je ne me rebutai pas cependant; le point d'honneur était là qui soutenait, qui relevait mon courage. Toutefois une sorte de somnolence qui s'emparait insensiblement de tous mes sens me disait assez que la troisième nuit allait commencer. Serait-elle plus heureuse pour moi que les précédentes?..... serait-elle enfin couronnée du succès?..... Je l'ignorais...., mais, coûte que coûte, j'étais bien décidé à persister; n'avais-je pas juré, en vrai fou, d'aller jusqu'au bout, sans trop m'informer si le chemin serait long?..... Bref, je fis toutes mes dispositions, et cela fut bientôt fait, pour passer le plus commodément possible cette troisième nuit.

Bien des gens riront sans doute de cette présomptueuse opiniâtreté de ma part, qu'ils appelleront une folie de jeune homme..... Eh bien!..... ces gens-là..... auront tort..... car, cette nuit-là..... oh! elle ne se passa pas comme les précédentes; je vis enfin..... une fée!!! oui, une fée, s'il en fut jamais, une fée jeune et belle à ravir, une fée comme on n'en a jamais vu. Ah! qu'elle était belle! encore une fois, qu'elle était belle!!! Elle s'approcha de moi en souriant, et, de ses lèvres de rose, imprimant un doux baiser sur mon front :

— Viens, jeune mortel, me dit-elle d'une voix tendre, viens dans ma grotte..... ta constance te donne le droit d'y entrer.....

viens jouir, près de moi, d'une éternelle félicité.....

Et me prenant par la main, elle m'entraîna avec elle..... Soudain je me vis sous des berceaux de verdure, dans de riants bosquets, au sein de jardins enchanteurs; devant moi apparurent des palais de marbre, d'albâtre, étincelants d'or et de rubis.....

Comment vous dire tout ce que je goûtai de volupté avec cette jeune et belle fée?..... Cela me serait impossible; je ne trouve point de mots, d'expressions pour vous peindre mon bonheur..... ou plutôt je crois le langage des mortels impuissant pour raconter ces célestes voluptés, doux partage des immortels. Tout ce que je puis vous dire, c'est que j'appris de cette fée charmante qu'elle et ses compagnes n'étaient autres que ces belles druidesses, vierges consacrées à Teutatès; que forcées, par un pouvoir surnaturel, d'abandonner leurs chênes séculaires, leurs temples révérés, au culte du Dieu des chrétiens, à l'époque à jamais néfaste où les vieux Gaulois furent contraints de courber le joug sous les aigles du Capitole et le labarum du Christ, elles avaient préféré, plutôt que d'embrasser un culte abhorré (1), plutôt que de recevoir les lois d'un vainqueur détesté, fuir un monde pervers et corrompu, se retirer dans ces grottes profondes ignorées du vulgaire, et témoins, depuis les temps les plus reculés, de leurs mystères les plus redoutables.

Cette jeune fée me dit encore qu'elle et ses compagnes habitaient ces grottes depuis plus de mille ans, qu'elle devaient les habiter encore bien des milliers d'années..... que cependant, lorsqu'un autre Saintin (elle ne put prononcer ce nom sans frémir) paraîtrait dans la cité des Claviens, alors le charme serait détruit (2)..... Alors, les au-

(1) Il ne faut pas perdre de vue que c'est une femme idolâtre qui tient ce langage, et que, de plus, elle était initiée à tous les mystères du druidisme.

(2) Cette prophétie de la fée est imitée des fameuses

tels de Teutatès s'écrouleraient dans l'abîme..... mais, ajouta-t-elle aussitôt d'une voix forte où se peignait l'inspiration et le délire, ils attendront encore long-temps, ces Claviens qui ont lâchement abandonné le culte de leurs pères, le culte sacré du gui, le culte vénéré de Teutatès, pour celui du Christ (1), ces Claviens qui ont préféré la vierge juive, la vierge de Solyme, à ces druidesses gauloises, à ces belles druidesses de l'île de Sayne, qui firent si long-temps la gloire de ces antiques contrées.... Ah! jeune mortel, que tu as été bien inspiré de venir avec nous!..... que ta félicité est digne d'envie!.....

Et en disant ces mots, cette jeune et belle fée m'enivrait de ses baisers les plus doux, et plongeait tous mes sens dans des torrents de volupté.

prophéties de saint Malachie qui annoncent la fin du monde lorsqu'un autre Pierre sera pape. (Voyez *Moreri.*)

(1) C'est toujours la même femme idolâtre qui parle. Pouvait-elle tenir un autre langage? Non.

Le dirai-je cependant, cette existence fortunée, cette suprême félicité, finirent par me devenir fastidieuses..... Toutefois, j'hésitai long-temps d'en faire l'aveu à celle qui m'aimait tant, à celle qui faisait mon bonheur..... Mais, à ces êtres surnaturels, rien n'est caché. La jeune fée s'était aperçue de ma froideur..... et, le croirait-on? loin de chercher à s'en venger, loin de me rendre indifférence pour indifférence, elle sembla redoubler d'amour pour moi..... J'étais confus..... mais j'étais désenchanté..... En vain je voulais rallumer les feux de l'amour..... l'amour était pour moi tout de glace.....

Un jour que cette indifférence, que cette froideur n'avaient plus de bornes, et qu'elle, au contraire, n'en était que plus vive, plus empressée près de moi, j'en éprouvai une telle honte, que, dans mon dépit, je fus assez ingrat pour rebuter tant d'amour..... J'osai même manifester assez clairement le désir de revoir la cité des Claviens..... Un tel souhait était un blasphème, et ce blasphème ne pouvait rester impuni..... Je l'ignorais..... Ah! si je l'eusse su!.....

A peine avais-je prononcé ces imprudentes paroles, que toutes les merveilles dont j'étais environné, que tous les enchantements qui éblouissaient mes yeux..... disparurent..... Soudain, mais trop tard, je compris le crime énorme que je venais de commettre. La jeune fée était alors dans mes bras..... Je crus pouvoir la retenir..... vain espoir, elle m'échappa comme une vapeur légère..... Je me précipitai à ses genoux..... j'implorai mon pardon..... je versai des larmes brûlantes..... je priai..... je suppliai..... Tout fut inutile!!! La fée me jeta un regard de mépris, et, pour toute réponse, prononça ces terribles paroles, que je n'oublierai de ma vie :

« — Puisque vous le désirez, retournez » dans ce monde de boue, et n'oubliez jamais » que l'ingratitude est le plus grand » des crimes!!! »

La fée avait disparu.....Je voulus tenter un dernier effort, voler sur ses traces..... Mais soudain (je ne sais comment cela se fit) je me trouvai à l'entrée d'une des grottes de la Falouze, et absolument à la même place et dans la même position où je m'étais mis en y arrivant; et, pour comble de disgrâce, ce pâtre qui s'était moqué de moi, était encore là qui se riait de mon air étrange et confus..... J'étais trop battu de l'oiseau, comme dit le proverbe, pour avoir seulement la pensée de faire le méchant.....aussi me hâtai-je de m'éloigner pour me soustraire aux sarcasmes de ce malheureux berger.

J'avais à peine fait une centaine de pas que j'entendis dans le lointain le son des cloches de la cité des Claviens..... J'étais si honteux de ma triste aventure, que ma première pensée fut de n'y plus retourner..... Toutefois, après plus mûre réflexion, ou plutôt ne sachant où aller, je m'acheminai vers le toit paternel, non sans me reprocher plus d'une fois les mortelles angoisses que ces trois jours d'absence avaient sans doute causé à ma pauvre mère, que j'avais traîtreusement abandonnée pour courir..... après un bonheur imaginaire.

Je la revis enfin cette tendre mère..... je me jetai dans ses bras en fondant en larmes..... Hélas! elle était trop heureuse de me revoir, de me presser sur son sein, pour songer seulement à me faire des reproches..... Mais quel fut mon étonnement, lorsque je crus comprendre, au milieu des affectueuses paroles qu'elle m'adressait, que mon absence n'avait été que d'un jour et d'une nuit..... Dans le trouble où j'étais, je balbutiai d'abord..... toutefois, j'eus assez de présence d'esprit pour m'arrêter à temps, pour ne pas m'avouer aussi coupable que je le croyais; j'acceptai donc, avec un aplomb qui aurait fait honneur à l'homme le plus consommé en fait de dissimulation, mon absence ainsi réduite (sans pouvoir toutefois me rendre raison de ce mécompte) et je feignis que, m'étant égaré dans les bois qui entouraient la cité, le sommeil m'avait surpris..... Ma mère était si bonne qu'elle crut, ou peut-être feignit, à son tour, de croire à mon récit improvisé..... Toujours est-il que, d'illusions en illusions, je finis moi-même par m'imaginer réellement que j'étais..... *ensorcelé..... le contact* des fées de la Falouze ayant sans doute opéré ce prodige.

Mais, hélas! je fus bientôt désabusé..... je ne tardai pas à m'apercevoir que de cette mystérieuse volupté, de cette fascination encore plus mystérieuse, il ne me restait rien..... absolument rien..... que le charme était détruit..... en un mot, et que, pour moi, ces belles et jeunes fées de la Falouze étaient moins qu'un songe..... ou plutôt le plus perfide des songes..... celui pourtant dont je garderai le souvenir toujours.

Tel est, mot pour mot, le récit de mon ami..... Et bien certainement, il était incapable d'en imposer..... Doutez, après cela, qu'il y ait eu des fées à la Falouze!..... Certes, vous ne l'oseriez pas maintenant..... et puis, après tout, cette aimable croyance n'a pas le moindre inconvénient, tandis qu'il serait peut-être fort imprudent, pour ne pas dire plus, de révoquer en doute ces belles enchanteresses..... oh! oui, ne refusons jamais de croire aux douces illusions..... mieux vaut, bien souvent, rêver le bonheur qu'en jouir.

Mais revenons à notre chère cité des Claviens.

En ce temps-là, enfin, un air d'aisance, de prospérité, brillait sur tous les visages. Oui, cette cité était heureuse!!! s'administrant par elle-même, sous l'égide paternelle d'antiques familles prises dans son sein, connaissant ses besoins, ayant ses mœurs, ses habitudes, ses goûts, identifiées pour ainsi dire à tous ses glorieux souvenirs, auxquels elles avaient toutes, ou presque toutes, pris une part plus ou moins active; la cité des Claviens jouissait d'une liberté d'autant plus grande que ses droits, qu'elle savait, au besoin, faire respecter de tous, n'étaient que bien rarement attaqués par les princes voisins. Cette sage liberté, elle la devait encore aux mœurs douces de ses habitants, à la simplicité de leurs goûts, à l'absence d'un luxe effréné, surtout à l'ignorance de ces *idées* perturbatrices qui, depuis, ont plongé tant de peuples dans une série de calamités, dont le résultat bien probable doit être en définitive un affreux despotisme, après toutefois que les malheureuses contrées, victimes de ces folles chimères, auront vu consommer leur ruine au milieu des convulsions, des crises sanglantes et sans cesse renaissantes, d'une longue et épouvantable anarchie.

Di talia avertite!

Dixième Journée.

La tiare a sauvé l'Europe du joug du croissant.

(*Pensées philosophiques de l'auteur.*)

C'est à toi, ô Czar! qu'il est réservé de faire briller de nouveau le signe radieux de la croix sur les dômes de Sainte-Sophie.

(*Id., id.*)

O Stamboul! ton sol est pétri de sang.

(*Id., id.*)

Cependant le bruit venait de se répandre à Verdun (1474) que Guillaume de Haraucourt était mort dans l'horrible prison où il gémissait depuis si long-temps (1). En vain maintes démarches, toutes plus infructueuses les unes que les autres, avaient été faites par les Verdunois pour obtenir du roi de France, Louis XI, la délivrance de leur premier pasteur (2); en vain l'illustre captif et son compagnon d'infortune le cardinal de La Balue, avaient sollicité leur renvoi devant leurs juges ordinaires; en vain Elie de Bourdeilles, archevêque de Tours, recommandable par la sainteté de sa vie, avait fait d'héroïques remontrances au roi sur l'injure que l'on faisait à l'Eglise (3); en vain le légat du pape en France avait appuyé

(1) Historique.

(2) Le clergé du diocèse avait même payé de grosses sommes d'argent à la cour de Rome, pour obtenir ses bons offices dans cette affaire. (Voyez *Roussel.*)

(3) Le digne et courageux archevêque de Tours, Elie de Bourdeille, alla même jusqu'à publier un monitoire, contre les *infracteurs* des immunités de l'Église. En représailles, le parlement fit saisir le temporel de l'archevêque; mais Louis XI, trop politique pour se brouiller avec un homme si influent, lui donna main-levée de cette saisie. (Voyez *Roussel.*)

les réclamations des uns et des autres, et demandé à Louis XI, de la part de S. S., l'élargissement des deux prisonniers, et surtout celui du cardinal, dont le pape prétendait être le seul juge..... Tout avait été inutile; le roi s'était montré inflexible, se contentant de répondre que *le cas était privilégié, le pape n'ayant le droit que de nommer des juges dans le royaume pour faire le procès aux accusés* (1). Une telle réponse équivalait à une captivité éternelle; c'était, en d'autres termes, une sorte *de fin de non-recevoir.*

Toutefois Guillaume, malgré les lourdes chaînes de sa prison, avait pu jusqu'alors pourvoir aux besoins de son troupeau en commettant au gouvernement spirituel du diocèse Jacques André, son chancelier, et Jacques Parendel, son promoteur (2). Un an plus tard, le prélat avait encore veillé à quelques uns de ses droits temporels, en

(1) Historique.

(2) Historique.

donnant par mandement à François d'Ornes, gouverneur de l'évêché, et à Ancherin du Pont, doyen, des pouvoirs pour maintenir et créer les officiers de justice (1). Depuis, on n'avait plus entendu la voix du pasteur..... Mais, hélas! la mort venait de rompre ce silence!!!... Des nouvelles malheureusement trop certaines, on le croyait du moins, venaient de répandre la consternation et le deuil dans l'église de Verdun, en lui apprenant qu'elle était veuve de son premier pasteur..... Or, en ce temps-là, un pareil événement était considéré comme une calamité, et personne ne se croyait dispensé de donner des regrets, des larmes à la mémoire de l'évêque défunt.

De temps immémorial, le clergé de Verdun était dans l'habitude de faire des funérailles magnifiques au prélat qui s'endormait dans le Seigneur. Les circonstances présentes semblaient devoir donner encore plus de pompe, plus de solennité à cette triste,

(1) Historique.

à cette imposante cérémonie. C'était presque un martyr qu'on allait honorer, en rendant ce pieux devoir à Guillaume. N'était-il pas mort victime d'une atroce et lâche vengeance? Et quel avait été le genre de sa mort?..... Hélas! on n'osait se le demander..... On connaissait trop bien son bourreau(1)..... Rien que son nom inspirait la terreur et l'effroi.

Une des principales dispositions de la cérémonie funèbre voulait que le corps du prélat défunt, revêtu des habits pontificaux, après avoir été exposé pendant neuf jours à la vénération des fidèles, dans une des salles du palais épiscopal, fût ensuite porté en grande pompe dans le chœur de l'église cathédrale, pour y être placé sur un trône magnifique, et y demeurer, en vue des assistants, tout le temps que durait le saint sacrifice (2). Au pied des autels, il semblait

(1) Louis XI.

(2) Cette imposante cérémonie s'est renouvelée de nos jours pour monseigneur de Villeneuve-Esclapon, mort,

alors que le prélat, plongé dans un saint recueillement, assistait encore aux pompes divines du sanctuaire, et implorait pour son cher troupeau, dont la foule muette et consternée se pressait sous les sombres ogives de la vieille basilique, ce Dieu bon, mais incompréhensible dans ses jugements, ce Dieu qui n'avait voulu confier un jour à un mortel les insignes de l'épiscopat, que pour les lui retirer ensuite; grand et terrible exemple de la vanité, du néant des grandeurs humaines.

Excepté cette imposante représentation qui semble mettre les vivants sous le sceptre terrible, sous le sceptre redoutable de la mort, le cérémonial de la pompe funèbre fut observé de point en point. Des larmes sincères furent répandues; des regrets non moins sincères furent donnés à la mémoire du prélat, qu'on avait

évêque de Verdun, le 14 novembre 1831. Les obsèques eurent lieu, en l'église de la cathédrale, le mardi 28 du même mois.

peu vu, à la vérité, mais qu'on ne se croyait pas pour cela avoir le droit de blâmer ni de censurer. Ainsi étaient les hommes alors; ainsi allait le temps; ainsi allaient les choses..... *Heu! quantum mutatus ab illo!*

Après ces tristes devoirs, il fallut songer à donner un nouveau pasteur à la cité. Mais les malheureuses circonstances où l'on se trouvait, une sorte de division qui s'était manifestée parmi les membres du chapitre (car alors c'était lui qui nommait), et plus encore, peut-être, la crainte de se brouiller avec les princes voisins, firent que, d'un commun accord, on décida que, *pour cette fois seulement*, le choix du successeur de Guillaume de Haraucourt serait remis à la disposition du pape (1). Sixte IV portait alors la triple couronne dans la ville éternelle.

Deux chanoines, Henry de Sailly et Albert d'Ornes furent en conséquence dé-

(1) Historique.

putés secrètement en cour de Rome (1). Toutefois, bien que le but apparent de leur mission fût de s'en référer au choix du pontife romain, le chapitre avait expressément recommandé aux deux ambassadeurs de postuler humblement auprès de S. S. en faveur de Jean de Lénoncourt, qui était déjà revêtu de la charge de protonotaire dans le diocèse. Cette secrète intrigue était d'une haute politique, car elle avait pour but de se ménager un puissant protecteur dans la personne du nouveau prélat, qui tenait à tout ce qu'il y avait de plus illustre, de plus grand, de plus vénéré en Lorraine (2).

Par une de ces péripéties bizarres, dont l'histoire offre plus d'un exemple, les députés du chapitre ne furent pas peu surpris d'apprendre à Rome que leur ancien évêque, Guillaume de Haraucourt, vivait encore (3)..... mais qu'il était toujours sous les

(1) Historique.

(2) Historique.

(3) Historique.

verrous, et entre les mains d'un prince qui pardonnait bien rarement, si tant est qu'il pardonnât jamais.

Dans ces conjonctures délicates, les deux envoyés se contentèrent de représenter au pape la triste situation de l'église de Verdun, veuve, depuis si long-temps, de son premier pasteur, et supplièrent S. S. d'établir Jean de Lénoncourt vicaire-général, au temporel comme au spirituel. Le pape voyant avec une secrète satisfaction la déférence que l'on montrait pour son autorité, accorda facilement la grâce qui lui était demandée, et délivra des bulles en faveur de Jean de Lénoncourt (1).

Par un hasard assez remarquable, les envoyés de la cité de Verdun se rencontrèrent, dans la capitale du monde chrétien, avec ces glorieux et infortunés débris échappés au sac de Constantinople. En effet, après cet affreux désastre, une multitude de Grecs fugitifs, de tout âge, de tout sexe,

(1) Historique.

de toute condition, étaient venus demander un asile et des consolations au père commun des fidèles. Modèle de charité, le digne successeur de saint Pierre n'avait pas hésité un seul instant à accorder l'hospitalité la plus généreuse à des enfants égarés (1), mais malheureux, dont l'infortune était sans exemple dans les annales du monde.

C'était de la bouche de ces illustres victimes que le ciel semblait avoir condamnées à parcourir l'Europe, comme pour attester la rage des fils impies de Mahomet, qu'il fallait entendre le récit de ces infortunes inouïes. Tout ce que la guerre offre de misère et d'horreur, tout ce qu'un long siége accumule de maux, ils l'avaient éprouvé; mais aussi, par une juste compensation de la Providence, tout ce que l'hé-

(1) Depuis long-temps un schisme déplorable séparait l'Église grecque de l'Église latine. Quelques mots mal interprétés avaient fait naître cette dissension, que le temps n'a fait qu'envenimer depuis. En effet, on pourrait presque avancer qu'un rapprochement avec Rome offrirait plus de difficultés pour les Grecs que pour les Protestants.

roïsme peut enfanter de plus sublime, ils l'avaient osé. Une poignée de soldats, six mille Grecs, au plus, et deux mille Romains avaient résisté jusqu'à la dernière extrémité aux hordes innombrables du farouche sultan, Mahomet II, et défendu l'antique cité de Constantin contre plus de trois cent mille barbares, et une flotte de trois cents voiles (1). Dans cette lutte à jamais mémorable, l'empereur grec, digne d'un meilleur sort, l'empereur grec que le hasard semblait avoir choisi pour immortaliser la chute d'une vieille dynastie, l'empereur grec donnait sans relâche, et sur tous les points, l'exemple du courage à ses intrépides soldats, les conduisait lui-même sur la brèche, là où il y avait le plus de péril à courir, et partant le plus de gloire à acquérir. En ces jours de gloire la cité de Constantin ne compte plus que des héros dans ses murs. Hélas! pourtant malgré cette héroïque défense, unique dans les fastes de

(1) Historique.

l'histoire, malgré des prodiges de valeur, cette cause si juste ne pouvait être gagnée. Chaque jour le cimeterre musulman moissonne les plus braves d'entre les Grecs, chaque jour un trépas glorieux décime les rangs des chrétiens. Constantin, c'est le nom du prince valeureux qui se dévoue si noblement pour sa patrie et pour son peuple, Constantin prévoyant que la crise fatale approche, et qu'une noble victime va être immolée sur une tombe illustre, Constantin veut recevoir le pain des forts, le matin même de cette journée à jamais déplorable pour le nom chrétien (1). Sous les voûtes majestueuses de l'antique basilique de Sainte-Sophie (2), sous sa cou-

(1) On peut avancer que, par suite de la chute de l'Empire grec, le Croissant a fait trembler l'Europe pendant près de trois cents ans. Les princes chrétiens furent donc bien imprévoyants, bien impolitiques alors, de ne pas voler à la défense de Constantinople.

(2) Depuis, nul chrétien, dit-on, n'a pu fouler le sol de la sainte basilique, convertie en mosquée par les Turcs. Toutefois on cite une ou deux exceptions dans ces derniers temps.

pole d'or, les pompes sublimes de la croix, le culte vénéré du Christ, se montrent pour la dernière fois (1). En ces jours d'éternelle mémoire, s'il ne peut ceindre les lauriers de la victoire, le prince grec, véritable héros, veut cueillir les palmes du martyre, et sur les créneaux fumants de la nouvelle Rome, mourir en héros chrétien. Armé d'une force nouvelle, soutenu par son Dieu, à la tête des débris mutilés de son armée, il s'élance comme un lion sur la brèche. Long-temps il repousse les efforts des féroces Musulmans qui, semblables à l'aquilon fougueux, ébranlent leurs bataillons rugissants contre les remparts démantelés de la ville. Long-temps encore l'épée du vaillant prince grec, sa noble épée teinte du sang des infidèles, porte la terreur et le trépas dans leurs rangs. Long-temps son bouclier d'or est un rempart inexpugnable contre le fer des mécréants. Des montagnes de morts et de mourants

(1) Le 29 mai de l'an 1453.

s'élèvent comme une barrière insurmontable autour de lui. Ses plus fidèles, ses plus dévoués serviteurs, confondus avec les féroces Sarrasins, gisent à ses pieds...... Mais le sort en est jeté...... Il est écrit là-haut que des prodiges de valeur ne peuvent rien contre l'effort des barbares..... Un grand malheur est arrivé..... Une horrible catastrophe est consommée..... La croix !!! elle vient de rouler dans des flots de sang !!!... et l'étendard de l'impie Mahomet, le croissant, comme une affreuse apparition, s'est montré soudain sur les remparts croulants de la malheureuse cité!!!

« Ah! s'écrie alors le prince grec, à la vue » de l'odieux étendard, ne pourrai-je trou» ver une mort glorieuse en combattant pour » mon Dieu et ma patrie!..... » Tels furent dans la cité de Byzance les derniers accents de cette belle langue, fille d'Homère..... La mort soudain déploya son lugubre voile..... le héros venait d'expirer..... Le dernier des Paléologues, Constantin n'était plus..... son trépas avait été le plus beau, le plus glorieux, le plus digne d'envie..... On dit qu'alors on vit les milices célestes, sur leurs ailes d'or et d'azur, enlever dans les cieux l'âme pure et immortelle du héros martyr (1).

Ce trépas sublime du héros est comme le signal du plus épouvantable spectacle. Rien alors ne s'oppose plus à la fureur du féroce vainqueur. Des milliers de Grecs de tout âge, de tout sexe, de toute condition, passent par le tranchant de l'épée..... Les cadavres roulent dans des flots de sang..... Belzébut lui-même, dans sa rage contre la croix, proclame, par trois fois, avec d'horribles rugissements, *la loi du sabre*, et, avec elle, le pillage, l'incendie, le viol et toutes les infernales vengeances enfantées par une soldatesque barbare, furieuse et fanatisée.

(1) La dédicace de Constantinople avait été faite par Constantin-le-Grand, le dix-neuvième jour de mai de l'an 330. Ainsi l'empire grec avait duré 1123 ans.

A la vue de leur malheureux sort, et du sort mille fois plus affreux réservé à de tendres victimes..... que de femmes dans cette fatale journée, que de femmes détestèrent leur beauté, leur jeunesse, et les douceurs de l'hymen qui les avait rendues mères! Et vous, vierges timides! où portez-vous vos pas errants?..... où fuyez-vous?..... Ah! c'est en vain que vous demandez un asile à ces temples!..... Je vous le dis en vérité, en ce jour plus rien n'est sacré!..... Infortunées!..... Soumettez-vous, soumettez-vous à vos vainqueurs!..... Vos charmes, dites-vous, vos larmes, vos prières les attendriront..... Infortunées! que vous êtes crédules!..... Soumettez-vous, encore une fois.... Mahomet est là..... il réclame ses célestes houris pour son paradis.....

Dans ces jours de lamentable mémoire, on raconte qu'une jeune Grecque d'une rare beauté, et d'une naissance non moins illustre, étant tombée au pouvoir du féroce sultan, il en devint éperdument amoureux, jusqu'à négliger son armée et ses officiers qui ne tardèrent pas à en murmurer. Ces murmures étant parvenus aux oreilles du barbare conquérant, il ordonna une assemblée générale de tous ses pachas. S'y étant rendu lui-même avec sa jeune esclave, il demanda fièrement à ceux qui l'entouraient, et en levant brusquement le voile qui dérobait les charmes d'Irène, s'ils avaient jamais vu une beauté plus accomplie. Un murmure flatteur d'admiration ayant été la seule réponse de ces farouches guerriers, Mahomet saisit soudain son cimeterre, et, d'un seul coup, fit voler à leurs pieds cette tête charmante, en s'écriant d'une voix terrible : « Ce fer, quand je le » veux, sait aussi trancher les liens de l'a» mour (1)! »

Voilà les maîtres de notre belle et mal-

(1) Historique. Ce même Mahomet II fit un jour éventrer quatorze pages pour découvrir lequel d'entre eux avait mangé un melon..... Un autre jour il fit décapiter un esclave, pour prouver à un peintre que la tête d'un saint Jean Baptiste laissait quelque chose à désirer.....

heureuse patrie; voilà ceux qui foulent la cendre de Thémistocle, d'Aristide, de Phocion, de Socrate, de Démosthène, d'Homère!..... Voilà ceux qui tiennent la Grèce sous un dur esclavage..... O honte! ô désespoir!..... s'écriaient les Grecs en terminant leur lamentable récit. Ah! plaignez-nous, vous tous qui nous écoutez, plaignez-nous!..... Jamais peuple, après avoir été plus grand, ne fut plus infortuné!..... Oui, plaignez-nous!!! surtout déplorez à jamais de n'avoir pas secouru des frères, des chrétiens, des défenseurs de la croix..... Fasse le ciel que jamais vous n'ayez à vous repentir d'une si coupable indifférence!..... Fasse le ciel que jamais le croissant n'apparaisse aussi parmi vous!..... Ah! c'est alors que vous comprendriez peut-être et l'excès de nos malheurs, et le crime irréparable de cette Europe dont nous étions aussi les enfants!!!

Qu'il est éloquent, l'exilé qui redit à une terre étrangère les malheurs de la patrie!.....

Qu'il est éloquent!..... surtout s'il est né sous le beau ciel de la Grèce..... s'il redit ses infortunes dans la plus belle langue que les hommes aient jamais parlée..... s'il demande *merci* et consolation au père commun des fidèles, en invoquant cette croix qui ne fut jamais stérile pour les hommes! *In hoc signo vinces*(1)! Heureux, mille fois heureux les yeux qui verront se réaliser un jour ce vœu si cher à l'humanité.

Cependant les envoyés du chapitre de Verdun après avoir rempli le but de leur mission, prirent congé du saint Père, et se hâtèrent de repasser les monts. Plusieurs raisons les engageaient à presser leur retour. En effet, non seulement les négocia-

(1) M. Villenave prétend (art. Constantin-le-Grand, du *Dictionnaire de Biographie universelle*) qu'on ne trouve aucun monument *contemporain* de la vision miraculeuse qu'eut ce prince..... Nous croyons que ce savant se trompe. Myonnet cite le médaillon de bronze antique suivant : (*In hoc sin* (sic) *vic.* Monogramme du Christ surmonté d'un astre; dans le champ, SC.) Ce médaillon fait partie du *Mus. Pisan.* et Myonnet le donne comme authentique, reste à savoir s'il l'est véritablement.

tions dont ils avaient été chargés avaient réussi au gré de leurs désirs, mais encore ils allaient dissiper l'erreur fatale qui avait plongé dans le deuil l'église de Verdun.

Ce ne fut pas sans un grand étonnement et une vive satisfaction qne le chapitre apprit que son infortuné pasteur, dont on pleurait le trépas dans tout le diocèse, existait encore. A la vérité, c'était une bien faible consolation que celle-là; Guillaume de Haraucourt gémissait toujours dans son affreuse prison, qu'il ne devait peut-être jamais quitter; et ce qui ne le donnait malheureusement que trop à penser, c'est la nouvelle accablante que rapportaient les deux chanoines, ou plutôt la certitude qu'ils avaient acquise de la bouche du saint Père lui-même, que Louis XI refusait impitoyablement de rendre la liberté à son malheureux prisonnier. Il fallait donc se résigner et attendre du ciel seul des jours meilleurs.

Quant à ce qui faisait l'objet de leur

mission, les deux envoyés n'avaient que d'heureux résultats à proclamer. Le successeur de saint Pierre, Sixte IV, les avait accueillis avec une bonté toute paternelle. Plusieurs fois il s'était informé avec un vif intérêt des besoins et des malheurs de l'église de Verdun. Plusieurs fois le saint Père s'était plu à louer le zèle tout évangélique du clergé de cet antique siége. Plusieurs fois il avait rappelé avec bonté aux deux chanoines que la cité des Claviens, après avoir été visitée par deux papes, dont l'un, saint Léon IX, avait fait la dédicace de la Madeleine en 1049, et l'autre, Eugène III, celle de la cathédrale en 1147, avait donné dans la personne d'un de ses évêques (1), un pontife à la chaire de saint Pierre. Et quant à ce qui regardait Jean de Lénoncourt, le pape s'était empressé d'acquiescer à ce

(1) Jacques de Troyes, cinquante-huitième évêque de Verdun, en 1252; puis patriarche de Jérusalem en 1255; puis évêque de Rome, sous le nom d'Urbain IV, en 1261; mort en 1264.

choix, en nommant celui-ci vicaire-général du diocèse. Au milieu de la douleur et du deuil général, ces officieuses communications étaient une bien douce consolation.

Toutefois, pour cela, tout n'était pas terminé. Les magistrats de la cité ayant aussi, de leur côté, envoyé un message à l'empereur Frédéric III, pour le prévenir que le siége de Verdun était vacant, obtinrent un rescrit impérial qui les autorisait, pendant cette vacance *prétendue*, à nommer les officiers de justice, et à pourvoir aux divers emplois de la cité; ce qui établit, pour un instant, une espèce de conflit, mais qui n'eut pas de suites sérieuses, le cas de vacance ayant été reconnu erroné (1).

De tout cela, il résultait que la position déjà assez critique de la cité, par suite de la captivité de son évêque, l'était encore plus par les sentiments peu bienveillants du roi de France, qui faisait rejaillir

(1) Tous ces détails sont historiques.

en quelque sorte sur les Verdunois la cruelle vengeance qu'il exerçait envers Guillaume de Haraucourt, et la haine profonde qu'il lui portait. Dans ces circonstances difficiles, chacun se rangeait, mais avec prudence, du parti qu'il croyait le plus avantageux. Ainsi ceux-ci étaient pour l'empereur d'Allemagne, ceux-là pour le roi de France, les uns pour le duc de Bourgogne, les autres pour le duc de Lorraine. Enfin, et cette dernière considération n'était pas la moins grave, les magistrats, au milieu de ces dissensions, n'avaient qu'une autorité fort précaire, dont même ils n'osaient pas toujours faire usage. Quant aux grandes familles lignagères, elles ne se prononçaient qu'avec une extrême réserve, une grande circonspection ; elles temporisaient..... Enfin, au milieu de ce chaos, le peuple, le pauvre peuple souffrait, se taisait, et payait de ses sueurs, bien souvent de son sang, les querelles interminables des grands, du clergé et des rois.

Onzième Journée.

L'infortuné!!! Ah! qu'il a dû souffrir!....
(*Pensées de l'auteur.*)
Lasciate ogni speranza voi ch'entrate.
(*Il Dante.*)

— Frère!.....

— Eh bien!.....

— Je crois mon cachot moins obscur, depuis que cette lézarde que j'ai un peu agrandie me permet de communiquer avec vous.

— C'est une illusion.

— Non, je ne me trompe pas; par cet étroit conduit, un léger filet de lumière vient, je vous assure, de votre cachot.

— C'est une illusion de votre part, vous dis-je; le plus faible rayon de lumière n'a jamais pénétré dans la demeure ténébreuse ou plutôt dans le tombeau où je languis depuis plus de quinze ans.

— Depuis quinze ans vous êtes là!..... Ah! c'est bien long!.....

— Oui, depuis quinze ans je n'ai pas vu la clarté du jour.

— Que je vous plains!

— C'est pourtant ainsi.

— Comment donc avez-vous fait? moi qui ne suis ici que depuis quelques mois, il me semble, tant je trouve le temps long, que j'y ai passé des siècles.

— Vous vous y ferez petit à petit; les commencements sont toujours durs.

— Comment! vous pensez donc que je dois rester ici bien long-temps?.....

— Je le crains.

— Mais enfin la peine qui m'a été infligée doit avoir un terme..... il y a un terme à tout.....

— Sans doute; mais ce terme.....

— Eh bien ! ce terme?.....

— C'est..... la mort.

— La mort !!!

— Oui, mon frère, la mort, la mort seule peut nous tirer d'ici.....

— Vous me faites frémir !

— Prenez courage..... nos juges sont sans pitié, et.....

— Dites plutôt nos bourreaux, s'il en doit être ainsi..... Mais non, je ne puis croire à tant de barbarie.

— Chaque jour dissipera votre erreur ! comme vous, je ne pouvais m'imaginer que ma captivité dût être éternelle, et, dans les premiers moments, j'espérais aussi..... mais maintenant.....

— Eh bien ! maintenant ?.....

— Je n'espère plus.....

— Que dites-vous ?.....

— Oui, j'ai perdu tout espoir !.....

— Ah ! que notre sort est affreux !

— Prenons patience, et bénissons la main qui nous châtie.

— Nous sommes donc bien coupables?.....

— Dieu seul en est le juge, mon frère, confions-nous à lui, espérons en lui ; il ne délaisse jamais sa créature, ce Dieu bon, ce Dieu miséricordieux.....

— Ah ! oui, c'est un bon père.....

— C'est maintenant notre père à tous les deux.

— Hélas ! moi, je n'en ai jamais connu d'autre !.....

— Jetons-nous dans ses bras.....

— Mais s'il nous abandonne.....

— Non, Dieu ne nous abandonne pas..... non, il veille sur nous.... Voyez, il nous afflige..... Oui, bénissons-le.....

— Eh bien ! oui, bénissons-le..... mais aussi demandons-lui qu'il nous rende à la lumière.

— Dieu sait mieux que nous ce qui nous convient..... Et, dans ce moment-ci, ne nous traite-t-il pas encore avec bonté, en permettant que nous expiions nos fautes ici-bas ?

— Nos fautes ? Ah ! sans doute !.....

Et un long soupir avait empêché ce dernier d'en dire davantage.

Puis, après un moment de silence, il reprit ainsi :

— Pardon, si j'ose vous faire cette question..... mais je ne puis croire que vous, si humble, vous si compatissant, vous soyez réellement coupable aux yeux d'un Dieu bon et miséricordieux.

— Détrompez-vous ; le dur châtiment que la Providence a permis que je subisse, elle qui est la justice même, est une preuve que j'étais loin d'être irréprochable, ou plutôt que j'étais bien coupable à ses yeux.....

— Vous !.....

— Oh ! oui, j'étais sans doute bien coupable !

— Je ne puis me le persuader, vous si patient, vous si compatissant, vous surtout si bon pour moi !

— Ne sommes-nous pas tous frères? Ne devons-nous pas avoir une indulgence sans bornes les uns pour les autres?..... La charité, croyez-le bien, est le guide le plus sûr des mortels; elle seule est le lien des sociétés..... Oui, sans la charité, sans cet esprit de concorde qui opère des miracles, la vie ici-bas ne serait qu'une lutte perpétuelle entre les hommes.

— Votre morale est admirable ; seulement je m'étonne qu'elle soit si peu pratiquée là-haut, et qu'il m'ait fallu descendre dans cet horrible cachot pour entendre sortir de la bouche d'un malheureux pécheur, je répète vos propres paroles, pardonnez ma franchise, ces consolantes maximes de la sagesse.

— Votre étonnement est une preuve de votre candeur..... de votre inexpérience..... Plus tard, l'âge ne vous apprendra malheureusement que trop à connaître les hommes..... et alors, que vous serez désabusé !.....

— Plus je vous entends, moins je puis comprendre votre sort affreux et le châtiment terrible que.....

— Détrompez-vous, encore une fois. Des fautes graves, ou tout au moins de grandes imprudences, ont flétri mes jeunes ans; oui, ma jeunesse fut orageuse; bien souvent les passions l'emportèrent sur le devoir, et peut-être dois-je remercier le ciel d'avoir mis, par des chaînes bien pesantes il est vrai, une barrière à la fougue de mon tempérament.

— Avec tant d'indulgence pour les autres, que vous êtes sévère pour vous!

— Eh bien! vous serez mon juge, et vous prononcerez; je veux vous confier mes peines, vous conter mes malheurs, vous avouer mes faiblesses, ou plutôt mes fautes..... oui, je veux vous avouer mes fautes..... les avouer n'est-ce pas soulager son cœur?

— Arrêtez, arrêtez! suis-je digne d'entendre?.....

— Votre candeur appelle ma confiance..... oui, vous saurez mes infortunes, vous connaîtrez mes égarements..... puissent-ils être pour vous un enseignement salutaire, si jamais vous devez vivre avec les hommes.

Après un moment de silence, le religieux reprit ainsi:

— Mes aïeux, dont le nom était cité avec honneur en Italie, avaient jadis possédé de grands biens; mais, par les sourdes intrigues et l'avidité d'une famille puissante, ils avaient été réduits à une honorable pauvreté. Peu de temps après ma naissance, de nouveaux malheurs vinrent encore fondre sur nous. En défendant avec bravoure un poste périlleux où ses ennemis l'avaient placé, mon père perdit la vie. Ma mère inconsolable ne tarda pas à éprouver les suites de ce fatal trépas; privée d'un époux qu'elle adorait, sans doute un peu plus tôt, un peu plus tard, elle aurait succombé au chagrin qui la consumait. Dans le but infernal de pouvoir plus facilement disputer à un enfant les faibles débris d'une grande fortune, les ennemis de notre famille trouvèrent plus sûr de hâter encore la fin de cette épouse infortunée. Grâce au poison, la tombe reçut encore une victime..... et bientôt, sous les prétextes les plus futiles, je fus dépouillé impitoyablement de l'héritage paternel..... Peut-être alors serais-je mort de misère ou plutôt victime d'un nouveau crime, si un serviteur dévoué n'eût veillé sur mes jours. Redoutant pour moi, unique rejeton d'une famille si malheureuse, le sort de ma pauvre mère, ce fidèle serviteur me conduisit avec le plus grand secret, et sous un nom supposé, en France, dans une vallée retirée des Vosges. Là, parmi les pâtres des montagnes, il déroba mon obscure existence, ou plutôt me déroba aux meurtriers de mes infortunés parents..... et, sous le nom de Némorin, je coulai, dans cet asile ignoré, des jours sinon fortunés, du moins paisibles.

Non loin de la chaumière où m'avait conduit ce serviteur dévoué, s'élevait un vieux castel. Le maître de ce noble manoir avait une fille unique, remarquable par sa rare beauté. Quelquefois elle venait partager les jeux de nos jeunes paysans, et folâtrer sur les tapis de verdure, ombragés par les pins séculaires. Je ne sais quelle secrète sympathie s'établit entre elle et moi..... mais soit le hasard, soit toute autre cause, c'était toujours avec elle que je dansais, et, sans le savoir, ou plutôt sans m'en douter, je l'aimais comme on aime, quand c'est la première fois que le cœur s'ouvre à l'amour..... Honorine, c'était son nom, Honorine était simple comme la fleur parfumée du vallon, douce comme la colombe du bocage, pure comme l'onde qui jaillit du roc abrupte. Honorine enfin avait à peine atteint son troisième lustre, et moi j'avais quelques années de plus.

Grâce aux mœurs patriarcales du hameau, nous étions cités dans toute la contrée comme deux *enfants* charmants. Ma vivacité, et je ne sais quel air distingué que j'avais conservé sous les humbles vêtements que je portais, faisaient l'admiration de tout le monde, et quand on voyait paraître l'orphelin des Vosges, c'est ainsi que les paysans m'avaient surnommé, chacun avait quelques mots d'amitié à lui adresser. On n'admirait pas moins Honorine, dont le teint de lis se colorait du plus vif incarnat, chaque fois que je la prenais pour danser. C'était chez elle une ingénuité, une candeur dans toute sa pureté primitive. Toutefois il aurait été bien facile, pour ceux qui connaissent les secrets du cœur humain, de s'apercevoir, au trouble charmant de cette jeune fille, qu'un secret penchant, l'amour..... pourquoi ne pas le nommer quand il est si pur? l'amour faisait battre son cœur..... et c'était pour moi, pour moi qu'elle croyait un pâtre, que son cœur battait!.... Hélas! l'infortunée ne savait pas que, dans ce monde, un nom est un abîme infranchissable..... qu'un nom commande une destinée..... qu'un rang est un obstacle au bonheur..... que l'amour seul, en un mot, ne suffit pas pour unir deux cœurs.

Au bord d'un limpide ruisseau, un jour, Honorine était assise près de moi. Je remarquai, non sans étonnement, qu'elle était triste et rêveuse..... elle ordinairement si épanouie! elle ordinairement si bondissante de joie!..... Ses traits toujours si calmes exprimaient dans ce moment une vive agitation; son regard était empreint de douleur; je crus même m'apercevoir qu'elle avait pleuré. Ses beaux yeux qu'elle osait à peine lever sur moi, semblaient demander grâce..... On aurait dit qu'elle voulait parler..... me confier un secret peut-être..... mais de longs soupirs s'échappaient seuls de son sein haletant, et, par intervalle, une larme brûlante glissait sur ses joues de lis et de rose.

Étonné de ce langage muet, qui était une énigme pour moi, je me hasardai, presque en tremblant, à lui en demander la cause; et lui prodiguant les noms les plus affectueux, j'osai lui reprocher ce mystère qu'elle me cachait, à moi, son ami le plus fidèle, à moi, son ami le plus sincère et le plus tendre.

— Honorine, m'écriai-je en me jetant à ses genoux, n'es-tu donc plus ma douce amie?

— Ta douce amie! me répondit-elle soudain; ah! Némorin, que dis-tu?..... si tu savais.....

Et l'infortunée lève sur moi des yeux baignés de pleurs.

— Honorine! pourquoi ces larmes brûlantes?..... Encore une fois, ne suis-je plus ton ami?.....

— Que ce nom si cher me fait de mal aujourd'hui!

— Parle!... que veux-tu dire?..... me défendrais-tu de t'aimer?..... oh! je ne le pourrais pas!.....

— Moi te défendre de m'aimer!!! moi! moi qui t'aime tant!..... Ah! Némorin, permets que je te fasse encore une fois cet aveu! oui, en te le faisant, je soulage mon cœur..... je me venge d'un barbare..... Mais, que dis-je?..... mon père, pardonne à la douleur de ta fille!..... pardonne à son délire!.....

Ces mots entrecoupés furent pour moi comme un horrible trait de lumière. — Ton père! m'écriai-je, avec l'accent de l'indignation, ton père!..... je comprends..... il repousse, pour sa fille, un pâtre obscur comme moi..... N'est-ce pas, Honorine?..... et toi..... toi que je croyais mon amie, tu t'es soumise à cet arrêt!.....

— Ah! je t'en prie, ne me fais pas de reproches! je suis innocente..... et je suis si malheureuse.....

— Oui, je comprends, encore une fois.

On t'a dit, là haut, que la fille du noble seigneur châtelain ne peut être l'épouse du pâtre..... Et toi, Honorine, au lieu de te révolter contre cet arrêt inique, absurde et barbare, tu viens ici me le signifier..... n'est-ce pas? c'est bien cela.....

— Némorin, je t'en supplie, ne déchire pas mon cœur.....

— Oui, oui, je te comprends de reste, la demoiselle du castel est de trop haut lignage pour le pâtre de la vallée..... Tu le dédaignes, n'es-ce pas? ce pâtre!.....

— Némorin, peux-tu ainsi me calomnier?

— Tu le repousses?.....

— Némorin!.....

— Tu rougirais de lui?.....

— Némorin!.....

— Tu n'en voudrais pas pour ton époux?.....

— Némorin, grâce! c'est Honorine qui t'en prie.

— Le voile de soie de la dame de céans s'indigne du sayon de peau de chèvre du pauvre berger!.....

— Némorin, tu me tues.....

Et l'infortunée, en prononçant ces derniers mots, était tombée à mes genoux.

Tant de sensibilité, tant de candeur, tant d'amour, calmèrent, comme par enchantement, le violent courroux qui m'animait. Je me reprochai mon injustice.... je me fis un crime de ma barbarie..... Soudain, à mon tour, je tombai aux pieds d'Honorine, je saisis ses mains avec ivresse ; je les pressai avec transport sur mon cœur ; je les arrosai de mes larmes. Je lui jurai que je croyais à ses protestations..... que j'étais convaincu qu'elle était la victime des déterminations d'un père hautain, fier, vaniteux..... que j'étais fermement persuadé que, pour elle, le pauvre pâtre Némorin était l'égal des hauts barons..... Enfin je la suppliai de me pardonner cet injuste soupçon, cet élan de vivacité qui n'était qu'une preuve de plus de mon violent amour pour elle.

On le croira sans peine, j'obtins facilement ma grâce, ou plutôt la candeur et l'innocence firent tous les frais de cette réconciliation. Car, il faut en convenir, dans ce moment nous n'étions guère plus coupables l'un que l'autre.

— Oui, s'écria Honorine, heureuse de pouvoir encore une fois m'avouer son amour; oui, ô toi qui es mon ami, que tu sois le pâtre obscur du vallon, ou le brillant chevalier du castel, tu ne peux être, pour Honorine, plus que Némorin.

— Tu m'aimes donc encore? m'écriai-je avec transport.

— Ah! Némorin, as-tu pu en douter un seul instant?

— Honorine! eh bien! je te le jure, pâtre ou chevalier, à toi pour la vie!

Et un doux baiser scella ces serments solennels.

. . . .

Que ce moment fut doux!..... mais, hélas! qu'il fut court!..... Des gens dévoués au noble baron nous avaient épiés, sans que nous nous en aperçussions. Les malheureux se hâtèrent d'aller tout divulguer à ce père barbare. Irrité de l'audace de celui qu'il appelait un manant, soudain il avait donné des ordres pour qu'on se saisît de moi...... heureusement je fus averti à temps, par le serviteur dévoué qui m'avait déjà sauvé la vie, du danger que je courais. Il me força, l'expression n'est pas trop forte, il me força de fuir..... Je ne pouvais m'y résoudre..... je me révoltais à l'idée d'abandonner Honorine, surtout lorsque j'appris qu'elle était demandée en mariage par un seigneur riche et puissant; que celui-ci avait obtenu le consentement du baron, et que cette union, qui devait faire le tourment de ma vie, et sans doute aussi celui de mon amante infortunée, devait se réaliser dans le plus bref délai.

Il fallut bien pourtant me résoudre à

prendre le parti que me dictait la prudence..... Je me fis violence, et, dans l'ombre de la nuit, je m'éloignai des lieux chéris où respirait celle que j'aimais plus que la vie. Pour comble de malheur, le sort qui me poursuivait sans cesse voulut que je m'égarasse, la seconde nuit après mon départ, dans les immenses forêts qui couvraient alors (1) cette partie de la Lorraine, et que je perdisse les traces du serviteur si dévoué qui m'avait accompagné. Pendant trois jours je marchai à l'aventure, et sans savoir où j'allais. Le quatrième, au lever du soleil, j'aperçus, du haut d'une colline, les clochers nombreux d'une ville. Je dirigeai mes pas de ce côté. Bientôt j'appris de quelques paysans qui travaillaient à la terre, que c'était la cité des Claviens.

(1) Bien que la Lorraine soit encore une de nos provinces les mieux boisées, on ne peut établir de comparaison, sous ce rapport, avec ce qu'elle était il y a quatre cents ans. En effet, dans ce court espace de temps, d'immenses forêts ont été défrichées. Est-ce un bien, est-ce un mal? nos neveux le sauront.

Je me hâtai d'entrer dans ses murs. Après avoir erré quelque temps dans ses rues tortueuses, je sortis par une porte opposée à celle par laquelle j'étais entré, et, presque aussitôt, je me trouvai en face d'un antique édifice, remarquable par son architecture. C'était le monastère de Saint-Vannes et son élégante basilique. Exténué de fatigue, ne sachant que faire, ne sachant que devenir, je me couchai sur les degrés d'un portique; et bientôt, grâce à mon extrême jeunesse, je m'endormis d'un profond sommeil.

Je fus tiré de ce calme réparateur de la nature, par le son des cloches du couvent, et, dans l'instant, j'y vis entrer deux vieux religieux. Sans trop savoir pourquoi, j'enviai leur sort. Leur physionomie annonçait une vie si paisible, si heureuse, et moi j'étais si agité, si malheureux..... hélas! pourtant je me faisais illusion. Je ne réfléchissais pas que ces deux êtres qui semblaient si calmes, si heureux, étaient chargés d'ans; leur longue barbe blanche et vénérable le disait assez; tandis que moi, j'étais à cet âge le plus orageux de la vie..... N'importe, je veux aussi revêtir le sombre capuchon des moines. Il me semble que, sous ce saint habit, mes peines, mes chagrins vont disparaître comme par enchantement. Et puis, chez moi, il y avait un fonds de religion, fruit de cette éducation que m'avait donnée ma pauvre mère. J'avais une foi vive, en un mot, et les gens ainsi faits, quand ils éprouvent les mécomptes d'un monde trompeur, se jettent presque toujours dans les bras de cette religiòn. Hélas! les infortunés, ils ignorent qu'il n'est ni capuchon, ni cloître, ni missel qui guérisse des peines du cœur, des tourments..... de l'amour.

J'hésitais encore, lorsque les cloches du monastère se firent entendre derechef; Elles appelaient les religieux à l'office. Ces sons majestueux et solennels vibraient jusqu'au fond de mon cœur. Il me semblait qu'ils m'appelaient aussi, qu'ils étaient, comme un secret avertissement. Soudain, je crus entendre une voix intérieure me dire : « *Entre, ici est la paix, ici est le bonheur.* » Soudain, je crus sentir aussi comme une main invisible qui me poussait, me contraignait d'entrer dans la sainte demeure..... Hélas! moi si faible, moi si abattu, moi si malheureux, moi si isolé, pouvais-je résister à cette hospitalité surnaturelle que le ciel semblait m'offrir?..... Bientôt, sans presque m'en apercevoir, je me trouvai au milieu de l'église du monastère. En respirant cet air froid, nébuleux, humide, des vieilles basiliques, si différent de l'air pur, léger, balsamique, des montagnes, je fus presque suffoqué, ou plutôt une sorte d'ivresse s'empara de moi. Les parfums du sanctuaire vinrent encore ajouter au trouble que j'éprouvais. Les chants graves des religieux, les sons prolongés et harmonieux de l'orgue faisant par intervalle entendre sa voix mystérieuse, achevèrent de maîtriser tous mes sens. Il me semblait que j'étais plongé dans une sorte d'extase....., que des légions d'anges voltigeaient doucement autour de moi. J'entendais le léger frémissement de leurs ailes d'or, d'azur et de pourpre. Leurs robes, plus blanches que la neige, semblaient abattre et essuyer doucement la poussière et la sueur dont j'étais couvert. Il me semblait encore, le croirait-on? que ces esprits célestes s'empressaient autour de moi, me consolaient, me prenaient sous leur protection, me désignaient le saint monastère comme un lieu de refuge et d'asile. A toutes ces merveilles (1), une émotion que je ne pourrais décrire s'était emparée de moi. J'avais oublié toutes mes peines, tous mes malheurs.

(1) Ce prestige mystérieux des pompes du sanctuaire, ce prestige, dû surtout à l'architecture si empreinte de majesté de nos vieilles églises gothiques, paraîtra peut-être bien romanesque à certaines gens. Toutefois nous pensons que rien n'est plus naturel ; qu'il en est, et qu'il en doit presque toujours être ainsi, lorsqu'un mortel, en

J'avais oublié le monde, en un mot..... il me semblait que le monde aussi m'oubliait..... en un instant, ma résolution fut prise. Je jurai de me donner tout entier à Dieu..... Hélas! quelques jours auparavant, j'avais fait un autre serment!..... Ainsi, sans m'en douter, je me parjurais..... Vous voyez comme j'en ai été puni!!! s'écria le religieux en poussant un profond soupir. Toutefois, dans ce moment, j'étais vraiment de bonne foi..... Mais, il faut bien le dire, ces déterminations subites, *ces dépits amoureux* ne sont point une bonne et véritable vocation; et si, quelquefois, le ciel a voulu toucher soudainement le cœur d'un mortel, ce sont de ces rares exceptions qui ne peuvent faire règle, et tenir lieu, dans la plupart des cas, de longues et pénibles épreuves. Oui, on ne saurait trop le

proie à de violents chagrins, et surtout victime des peines de l'amour, ira chercher un refuge et une consolation aux pieds des autels. Oui, la foi et le sentiment religieux enfanteront toujours ces prodiges incompréhensibles pour un monde léger et frondeur.

répéter, quand il s'agit de décider du sort de toute une vie d'homme, de mûres réflexions, un *long noviciat* sont impérieusement commandés, non seulement pour parer aux faiblesses de notre pauvre humanité, mais encore pour traiter, avec tout le respect, toute la décence convenables, des choses qui tiennent de si près à la divinité.

Dans l'impatience extrême qui me dévorait, à peine pus-je attendre la fin de l'office. Dès qu'il fut terminé, je courus me présenter à la porte du couvent. J'obtins un entretien particulier de l'abbé. Je lui dis mon nom; je lui racontai ingénument mes malheurs et ceux de ma famille. Je ne lui dissimulai point que j'étais pour ainsi dire exilé de l'Italie, proscrit en Lorraine; que j'avais des ennemis puissants dans ces deux pays, et que je venais chercher à l'ombre tutélaire du cloître un refuge, un abri. Enfin, me jetant à ses genoux en versant des larmes abondantes, je le conjurai de me recevoir dans le saint monastère..... Un peu d'or, seul débris de la fortune de mes aïeux, était tout ce qui me restait..... Je le déposai encore aux pieds du seigneur abbé. Ainsi, dans le même instant, je faisais acte d'humilité, de chasteté et de pauvreté.

La vue de cet or, plus encore peut-être que le récit de mes malheurs, me valut un regard de l'abbé..... Toutefois, nulle émotion, nulle pitié, nulle compassion ne se peignirent sur son visage grave, sévère, impassible. A la vérité, il m'avait écouté attentivement, mais sans avoir l'air de prendre le moindre intérêt à ma triste position. Quelques instants encore il m'examina d'un œil sévère, scrutateur, et sembla se recueillir..... puis, rompant tout-à-coup ce silence solennel, il me dit d'un ton dur, sec, et d'une voix qui faisait sur mon cœur l'effet d'un lourd et pesant marteau :

« Puisque Dieu a permis que vous veniez » chercher un asile dans notre saint mo- » nastère, vous y serez reçu et, dès aujour-

» d'hui, vous serez admis au nombre de nos » religieux (1). Quant à vos ennemis, quel- » que puissants qu'ils soient, sachez, puis- » que vous êtes dans la maison du Seigneur, » qu'ils ne peuvent plus rien contre vous..... »

En prononçant ces derniers mots, l'air glacial, le ton solennel de l'abbé le faisaient ressembler bien plutôt à un juge inexorable qui prononce un arrêt de mort, qu'à un ministre de paix donnant avec bonté ces douces et consolantes paroles de compassion auxquelles je m'attendais de la part du serviteur de l'Éternel..... Aussi, en franchissant le seuil du monastère, je frémis involontairement..... Un affreux pressentiment glaça tous mes sens..... Toutefois, machinalement je cherchai quelques paroles de reconnaissance pour l'*hospitalité* qu'on daignait m'accorder..... mais en vain; il me

(1) A l'appui de ce fait, nous citerons celui de Frédéric, comte de Verdun, qui, ayant pris la résolution, de concert avec le bienheureux Richard, de quitter le monde, se retira au monastère de Saint-Vannes, où l'abbé Fingenius lui donna l'*habit de religieux*. (Voyez *Roussel*.)

fut impossible de prononcer un seul mot. Ma voix expira sur mes lèvres tremblantes, et je me retirai en balbutiant quelques sons incohérents et vides de sens.

Je ne tardai pas à m'apercevoir que l'or que j'avais fait briller aux yeux de l'abbé avait seul pu le déterminer à me recevoir. Je ne compris que trop qu'une froide compassion m'avait accueilli, et que j'étais surveillé avec soin. Cependant, tout-à-fait détaché de ce monde, où je n'avais éprouvé que des peines, je subissais avec résignation mon nouveau sort; je prenais mon mal en patience. Je dirai plus, non seulement je me soumettais, sans mot dire, aux austérités de la vie cénobitique, mais même je portais avec joie l'habit de moine. Toutefois, il faut bien en convenir, cette vie du cloître n'était dure alors que pour les *nouveaux venus* (1), et surtout pour ceux qui, comme moi, étaient sans influence, sans protection, sans appui. En effet, un grand relâ-

(1) Les *tard-venus*, comme on les appelait alors.

chement, pour ne pas dire une grande licence, existait dans le monastère (1)..... Mais comme j'étais sans recommandations, comme j'étais le dernier parmi les derniers, les *joies* de céans n'étaient pas pour moi, et aucun des religieux qui y avaient part ne m'adressait la parole, à moins que ce ne fût pour m'instruire des *usages* de la maison, pour m'apprendre la *règle*, pour me *remettre* à *ma place*.

Je menais à peine depuis quelques mois cette vie calme, uniforme, qui n'est peut-être pas le bonheur, mais qui du moins préserve de ces orages du cœur, si fréquents, si terribles dans le commerce du grand monde, lorsqu'un événement inattendu vint rouvrir toutes mes blessures. Assis, un jour, sous les frais ombrages qui entourent, comme une ceinture verdoyante, le monastère de Saint-Vannes, je méditais silencieusement dans quelques livres de piété. Tout-à-coup je fus tiré de l'espèce de

(1) Voyez plus haut. Tom. I, pag. 26 et 60.

rêverie où j'étais plongé par les sons d'une voix qui ne m'était pas inconnue, mais dont je n'avais conservé que des souvenirs confus. Je tressaillis involontairement..... et levant les yeux je vis..... qui le croirait? je vis Honorine. Elle venait de passer rapidement près de moi, un homme lui donnait le bras. Un soupir étouffé que je ne pus retenir fit jeter les yeux de mon côté à cette infortunée. Quoiqu'il fût assez difficile qu'elle m'eût reconnu dans mon nouveau costume, et surtout sous l'épais capuchon qui ombrageait ma tête, et cachait presque ma figure, toutefois, à l'émotion que je crus remarquer dans ses traits, je le présumai. Je la trouvai horriblement changée, non pas qu'elle ne fût toujours belle, mais elle avait perdu une partie de sa fraîcheur, et cet extérieur vif, folâtre, enjoué, qui lui séyait si bien, lorsqu'elle venait partager nos jeux, sur la verte pelouse du hameau. Je lui trouvai aussi un grand fonds de tristesse. L'homme qui lui donnait le bras avait l'air dur et sévère ; son extérieur, quoique noble, avait quelque chose de terrible, et bien que je ne pusse douter qu'il était celui que l'hymen avait uni au sort d'Honorine, on l'eût pris bien plutôt pour le père que pour l'époux de celle-ci. Quoi qu'il en soit, ils s'éloignèrent rapidement, et me laissèrent en proie à mes tristes réflexions.

On devine sans peine qu'il me fut impossible, ce jour-là, de continuer ma méditation. Je me hâtai de rentrer au couvent. Arrivé dans ma cellule, je tombai sur une chaise..... ma tête était brûlante..... mes idées confuses..... mes pensées désordonnées..... l'image d'Honorine était là, sans cesse devant moi, comme une apparition fantastique..... elle bouleversait tout mon être, et j'étais cent fois plus malheureux, depuis cette fatale rencontre, que lorsque je fus forcé de quitter le séjour fortuné que j'habitais près de cette amante, au milieu des montagnes des Vosges.

Dans mon délire, je me mis à maudire

l'habit que je portais..... il me semblait qu'il devait me rendre méprisable aux yeux d'Honorine. J'allai jusqu'à me figurer qu'en me voyant revêtu de cette robe de moine, elle avait détourné les yeux avec horreur. Dans mon désespoir, je me tordais les bras avec fureur, je me roulais par terre..... pour la première fois alors, je me révoltai contre le ciel..... et d'horribles imprécations s'échappèrent de ma bouche sacrilége.....

J'étais depuis quelques jours en proie à cette fièvre brûlante, à ce délire effrayant, lorsque tout-à-coup il me vint dans l'idée d'aller m'asseoir à cette même place où j'avais vu Honorine. Etait-ce, de ma part, désir de l'y rencontrer?.... Non.... mille fois non..... je le craignais plutôt, car, encore une fois, sous l'habit que je portais, j'avais honte de moi-même; bien plus, il me semblait qu'elle devait aussi me mépriser..... et pourtant une force surnaturelle, inexplicable, irrésistible, m'entraînait, presque malgré moi, vers le site solitaire où je l'avais vue. En vain je veux combattre cette fantaisie..... en vain je veux résister à ce désir bizarre..... peine inutile, soin superflu; il faut que j'aille revoir ce lieu fascinateur..... j'y cours, j'y vole, sans presque savoir où je vais..... j'arrive haletant..... n'en pouvant plus, je m'assieds, ou plutôt je me laisse tomber au pied du chêne séculaire où j'avais l'habitude de venir méditer.....

Tout alors était calme et silencieux autour de moi. Le ciel était d'une pureté admirable, et le flambeau du monde, qui s'abaissait vers l'horizon, dorait de ses derniers feux les vitraux en ogive et la rose radieuse de la basilique. Une brise légère et embaumée, messagère du soir, venait par intervalle rafraîchir la chaleur brûlante du jour. La nature entière semblait jouir de son bonheur...... la tempête seule était dans mon cœur.

J'étais depuis quelques instants plongé dans une sorte de stupeur léthargique, lorsque, en faisant un mouvement convulsif, j'aperçus sous une touffe épaisse d'herbe au pied de l'arbre qui m'abritait un papier ployé : le saisir avidement, l'ouvrir, le lire fut l'affaire d'un instant; il ne contenait que les lignes suivantes :

« Je vous ai reconnu, puissiez-vous être » moins malheureux que je ne le suis! Mon » cœur désire confier ses peines à un ami. » Demain je serai seule ici à l'heure où vous » m'avez aperçue la première fois. »

Il serait également difficile de comprendre et de décrire la joie où me jeta ce billet. Il levait tous mes doutes ou plutôt il faisait évanouir mon erreur, mes injustes soupçons. Honorine me donnait le doux nom d'ami.... Honorine m'aimait encore..... moi seul je l'avais calomniée, moi seul j'étais coupable, que dis-je? j'étais fou d'avoir pu supposer un seul instant qu'elle m'eût oublié, qu'elle me méprisât..... Un dévouement sans bornes pouvait seul expier mon crime. Ah! si naguère j'avais eu pour elle le plus violent amour, maintenant je devais l'adorer, maintenant je devais tout sacrifier pour elle. Tout à Honorine! m'écriai-je alors dans mon délire; oui, tout pour Honorine! Insensé que j'étais!..... je rêvais le bonheur et je me parjurais sans cesse!

— Femme adorable! m'écriai-je encore, femme adorable! oui, je veux renouveler à tes pieds les serments les plus sacrés. N'ai-je pas juré d'être à toi pour la vie?..... et toi, ne m'as-tu pas promis....?

Je ne pus achever..... soudain le souvenir de cet homme, au regard rébarbatif, qui donnait le bras à Honorine, vint s'offrir à mes yeux, et avec lui les *droits* d'un époux... Cette affreuse pensée ralluma toute ma rage..... De nouveau j'accusai le ciel..... j'accusai la nature entière..... j'allai même jusqu'à accuser Honorine..... hélas! j'étais en délire..... je ne savais plus ce que je faisais, ce que je disais..... Je parlais tout haut avec feu..... je gesticulais comme un insensé..... j'errais de tous côtés comme un furieux..... Heureusement personne ne fréquentait cet endroit retiré, car j'aurais été gravement compromis.

La nuit qui descendait lentement de la voûte des cieux, vint me surprendre. L'heure allait sonner..... je n'avais plus qu'un instant pour rentrer au monastère. Je hâtai mes pas vers la demeure cénobitique, j'arrivai comme on se rendait au réfectoire. Personne ne s'aperçut du trouble qui m'agitait, car personne ne faisait attention à moi. Je ne pus manger; on ne s'en aperçut pas davantage. Dès que le repas du soir fut achevé, je me retirai dans ma cellule. Il me fut impossible de fermer l'œil; sans cesse l'image d'Honorine était là, devant moi; puis, à côté d'elle, son époux m'apparaissait comme un spectre menaçant, comme un affreux cauchemar..... J'avais une fièvre brûlante..... Je répétais sans cesse, par phrases entrecoupées, le billet d'Honorine..... Je la voyais malheureuse, esclave d'un tyran..... et moi! moi! dans l'impuissance de la secourir..... Des mots entrecoupés, des imprécations s'échappaient alors de mes lèvres pâles et tremblantes..... J'étais dans le délire..... Vers le matin, je m'assoupis légèrement, mais pour avoir des songes affreux..... Il me semblait voir Honorine échevelée, tout en pleurs, fuyant un homme qui la poursuivait avec un poignard..... Elle m'appelait, elle implorait mon secours..... Dans son effroi elle prononçait mon nom, et la rage de son persécuteur, ou plutôt de son bourreau, ne faisait que s'en accroître..... Je voulais voler au secours de l'infortunée, la délivrer d'un barbare, d'un monstre; mais, hélas! mes efforts étaient impuissants..... De lourdes chaînes chargeaient mes bras et mes pieds..... j'étais plongé dans un infect et noir cachot..... Soudain j'entends un cri perçant..... Honorine venait de tomber sous le fer homicide de l'homme..... des flots de sang jaillissaient du sein d'albâtre de cette épouse si malheureuse..... A ce spectacle déchirant, mon cœur bondit dans ma poitrine, je fais un effort terrible pour voler à son secours..... je brise mes chaînes..... je force les portes de ma prison, et..... je me réveille en proie à une agitation impossible à décrire..... une sueur froide inondait mes membres..... mes habits en désordre m'étreignaient fortement, et je secouais d'un bras vigoureux la porte de ma cellule..... fort heureusement je n'avais pu l'ouvrir, car si j'eusse été vu en cet état, mon étrange somnambulisme eût pu me faire passer tout au moins pour un fou, et m'attirer quelque mauvaise affaire avec le seigneur abbé. Je compris alors mon illusion, résultat d'un affreux cauchemar. Exténué de fatigue, je me débarrassai avec peine de ma robe de moine qui m'étreignait le corps comme une corde. Mes draps, ma couverture étaient également dans le milieu de ma cellule, et emprisonnaient mes jambes et mes pieds..... je me hâtai de faire disparaître tout ce désordre et de m'habiller, car l'office allait sonner. A peine avais-je fini que la cloche se fit entendre. Je me dirigeai alors vers l'église, non pour prier, mais plutôt pour rêver à Honorine..... et maudire son barbare époux.

Ah! que cette journée parut longue à ma vive impatience! Que les heures s'écoulèrent lentement au gré de mes désirs! que les ombres de la nuit se firent attendre! N'allais-je pas, ce soir même, revoir Honorine? n'était-ce pas le moment désigné dans son billet mystérieux? Il arriva enfin, cet instant que j'appelais de tous mes vœux. Je quittai précipitamment ma cellule, ou plutôt je m'élançai vers le lieu du rendez-vous. Cet endroit fort solitaire était ombragé par des tilleuls et des ormeaux, dont les dômes verdoyants opposaient un voile impénétrable aux rayons du soleil; de sorte que, même au milieu du jour, une véritable obscurité régnait dans cette retraite silencieuse que tapissait une herbe molle et épaisse. Aucune voix ne troublait ce silence; le chant des oiseaux se faisait seul entendre. Quant au bruit et au fracas lointain de la cité, il n'arrivait pas jusque là, ou plutôt venait expirer devant cette ceinture de feuillage, qui semblait s'élever comme une barrière mystérieuse, infranchissable, entre les joies du siècle et les méditations du cloître. Rarement les religieux allaient se promener sous ces frais et solitaires ombrages; cette espèce de thébaïde aurait été peu de leur goût. Il faut à l'homme des contrastes ; celui qui vit dans la retraite saisit avec empressement tout ce qui peut rompre l'uniformité de son existence, et faire diversion à ses habitudes. Aussi la plupart des moines dirigeaient-ils ordinairement leurs pas du côté de la cité, où il ne manquait pas de riches maisons de citains qui les accueillissent et leur fissent fête.

J'étais à mon poste depuis long-temps, et, dans ma cruelle attente, je désespérais presque de voir venir celle qui absorbait toutes mes pensées, lorsque, à travers l'obscurité, je crus distinguer comme une ombre légère qui s'avançait rapidement vers l'arbre au pied duquel j'étais assis. Je ne pus m'y méprendre : c'était elle, c'était Honorine..... Je voulus m'élancer vers elle, mais l'émotion que j'éprouvais était si violente qu'il me fut impossible de faire un pas..... Je tombai à ses genoux, et saisissant ses mains, je les couvris de baisers, je les arrosai de larmes. A ces preuves non équivoques de mon amour, elle ne put retenir aussi ses larmes, et se jetant dans mes bras, mille doux baisers témoignèrent de nos tendres sentiments l'un pour l'autre, et attestèrent qu'un fatal éloignement n'avait fait qu'accroître et resserrer encore les liens indestructibles qui unissaient nos cœurs.

A ce langage muet de l'amour, succéda un récit rapide de tout ce que nous avions éprouvé tous les deux depuis l'instant de notre douloureuse séparation. Honorine voulut d'abord savoir par quel hasard je me trouvais dans ce monastère; je ne lui cachai rien; je lui avouai ingénuement qu'un cloître m'avait semblé comme un port salutaire pour me reposer des tempêtes qu'avait essuyées mon cœur..... Je remarquai qu'un profond soupir s'échappa de sa poitrine en entendant ces derniers mots. A son tour, elle m'apprit que son père, outré de notre amour et des serments réciproques que nous nous étions faits, avait exigé impérieusement qu'elle épousât, dans le plus bref délai, le chevalier qui avait demandé sa main; qu'elle s'y était résignée, par respect pour les volontés de ce père, qui se montrait si injuste, si cruel; mais elle ne me dissimula pas que jamais elle n'aimerait, ou plutôt qu'elle haïssait mortellement l'homme assez insensé pour avoir voulu obtenir son cœur par la violence. Elle m'avoua ensuite en rougissant, que bien qu'elle eût perdu tout espoir de me revoir jamais, elle n'avait pu m'oublier; que mon souvenir la poursuivait sans cesse, et qu'il ne fallait rien moins peut-être que l'heureux hasard qui avait permis que nous nous revissions, pour qu'elle pût supporter davantage l'affreuse position où elle se trouvait, le joug d'un tyran. Enfin, elle ne me dissimula pas que cet époux barbare, trop fier pour se plaindre des justes dédains d'une épouse infortunée qu'il opprimait, *la négligeait* complétement..... Honorine n'en put dire davantage..... des pleurs et des sanglots étouffèrent sa voix; mais je compris de reste que, tout en subissant les lois de l'hymen, elle n'avait point subi celles de l'époux, et qu'un *autre* avait son cœur.

Une femme irritée, une femme outragée, une femme violentée dans ses plus chères affections, pouvait seule tenir un langage si clair, si explicite. Une telle franchise, ou plutôt ces aveux du délire, c'était déjà de *la vengeance* : on sait assez ce que vaut celle d'une épouse..... Et moi n'avais-je pas aussi *des vengeances* à exercer?..... Depuis ma naissance, avais-je éprouvé autre chose que l'injustice des hommes?..... La mauvaise foi, la force brutale, les spoliations, n'avaient-elles pas été le seul code qui réglât mes rapports avec la société, avec les hommes?..... N'avais-je pas droit aussi à des compensations?..... à des indemnités? L'injustice des autres à mon égard n'était-elle pas pour moi un bill de non-culpabilité..... pour tout ce que j'oserais?..... La lice enfin n'était-elle pas ouverte entre les oppresseurs et les opprimés?..... et, tôt ou tard, n'était-il pas de toute justice que ces derniers, par tous les moyens, *per fas et nefas*, se vengeassent des premiers?.....

Tels étaient les coupables raisonnements de mon cœur bourrelé, exaspéré par d'affreux revers. J'étais malheureux, et, par cela même, je m'imaginais avoir le droit d'être coupable impunément. Ainsi raisonnent presque tous les infortunés..... Ainsi se *révolutionnent* et se perdent les sociétés.....

Des soupirs étouffés venaient d'interrompre le religieux..... Après un instant de silence, il reprit en ces termes :

Comment continuer mon récit?..... comment vous avouer, ô vous qui partagez ma dure captivité, comment vous avouer tant de faiblesses.... tant de parjures?..... comment raconter à votre jeunesse, à votre innocence tant de honte?..... Ah! l'affreux châtiment que j'éprouve me donne seul le droit de parler de mes fautes et de vous les dévoiler.

Epuisé par le malheur, fatigué par les luttes intérieures que je soutenais depuis si long-temps, je m'abandonnai sans rougir à un amour coupable..... je partageai le délire d'une épouse adultère..... Tant de beauté, tant de tendresse de sa part me subjuguèrent, et portèrent mon ivresse à son comble..... je me parjurai de nouveau..... Que dis-je! le parjure fut réciproque..... les serments de l'épouse furent violés avec ceux du religieux..... Ces pactes sacrés, solennels, furent déchirés sur l'autel de Satan..... et des Furies, filles de l'enfer.

— Oui, je t'aime, ô femme adorable!

m'écriai-je mille et mille fois, je t'aime! je t'idolâtre! A toi pour la vie!

Et elle aussi, dans son délire, elle redit mille et mille fois ces accents fils de la folie.

Trois fois l'étoile qui s'allume aux derniers rayons du jour fut témoin de nos feux..... trois fois la coupe empoisonnée de l'adultère fut épuisée sur l'autel de la déesse des impudiques amours..... trois fois le parjure fut scellé par les plus doux embrassements..... Une sorte de pressentiment secret semblait nous dire de nous hâter..... que notre bonheur touchait à son terme..... qu'aux confins du plaisir gît, au fond d'un antre, l'éternel regret..... et à côté de lui l'affreux châtiment. Hélas! en effet, notre délire ressemblait au désespoir..... et quiconque nous eût vus, au sein de ces voluptés sataniques, nous eût plutôt pris, l'un et l'autre, pour deux malheureux coupables, que pour deux amants fortunés.

L'époux d'Honorine était revêtu d'une

charge éminente dans la cité des Claviens. Il fut instruit des démarches d'une épouse criminelle..... La première pensée de ce mari outragé fut le mépris pour l'affront qu'il recevait, et peut-être eût-il persisté dans cette résolution, qui a bien aussi son côté de sagesse, s'il n'eût appris, en même temps, qu'un religieux était le complice de l'épouse adultère. Un moine obscur oser violer la couche d'un noble chevalier!!! Une telle audace ne pouvait, ne devait rester impunie..... Toutefois, par respect pour les familles de l'époux outragé et de l'épouse coupable, et aussi afin que le scandale ne devînt pas la proie d'un public malin, il fut décidé que le châtiment retomberait sur le moine seul, et que ce châtiment serait terrible..... En conséquence, l'époux d'Honorine donna secrètement avis au seigneur abbé de Saint-Vannes qu'un de ses religieux, qu'il désignait, avait violé la couche d'un haut et puissant personnage.....dont il croyait devoir taire le nom. De plus on demandait, et au besoin on exigeait, que bonne et prompte justice fût faite; surtout on insistait pour que la peine infligée au coupable fût de la dernière sévérité.

De la part d'un homme qui représentait le souverain dans la cité des Claviens, une telle demande était un ordre qu'il eût été dangereux de mépriser. D'un autre côté, on était d'autant plus disposé à y obtempérer, que les rigueurs réclamées n'allaient atteindre qu'un être obscur, sans crédit, sans influence dans le monastère, sans protection au dehors; et puis, en ce temps-là, un *malheureux* était frappé dans son existence, *retranché de la société*, sans que personne s'informât seulement pourquoi et comment..... Le parti du seigneur abbé fut donc bientôt pris..... Il ordonna que j'eusse à comparaître devant lui..... Deux anciens religieux, mais encore dans la force de l'âge, étaient présents..... c'étaient les dignes suppôts de l'abbé..... Le cloître a aussi ses bourreaux..... A l'air foudroyant de mon juge, je ne compris que trop le sort affreux qui m'était réservé..... En vain je me jetai à ses genoux, en vain j'avouai ma faute, en vain je confessai mon crime, en vain j'arrosai de larmes brûlantes les pieds du barbare..... Tout fut inutile. Comme deux tigres, les deux religieux se ruèrent sur moi avec furie, me garrottèrent étroitement et me chargèrent de chaînes pesantes..... Ensuite l'abbé d'une voix de tonnerre prononça les paroles suivantes, que je n'oublierai jamais :

— « Vous avez violé les lois divines et » humaines. La justice de Dieu et celle des » hommes exigent une satisfaction. Un jour » ce Dieu que vous avez offensé saura bien » vous atteindre..... mais ici bas la société » et celui que vous avez outragé demandent » vengeance..... Cette vengeance est un de- » voir pour nous ; nous saurons le remplir. » Partout ailleurs, la mort la plus terrible » eût été le prix de votre crime..... Ici, le

» sang ne coule jamais..... vous avez la vie » sauve..... Mais cette vie que l'on vous » abandonne, c'est pour la passer désormais » dans le jeûne et dans les larmes..... En ré- » paration de votre faute, vous êtes con- » damné pour le reste de vos jours *au pain* » *de douleur et à l'eau d'angoisse* (1), et » un obscur cachot va devenir votre de- » meure, jusqu'à ce qu'il plaise à Dieu dans » sa miséricorde de vous appeler à lui...... » Allez en paix. »

Aussitôt et sans même me donner le temps de pouvoir répondre une seule parole à cet arrêt également inique et barbare, les deux satellites de l'abbé se saisirent de moi, et me conduisirent ou plutôt m'entraînèrent vers mon horrible prison. J'étais trop atterré pour résister, pour me défendre, ou seulement pour chercher à me soustraire par la fuite à mon barbare supplice. D'ailleurs,

(1) Cette formule était aussi celle en usage dans le tribunal de l'inquisition. Voyez tous les ouvrages écrits sur cette matière.

quand bien même j'aurais conservé toute ma présence d'esprit, je ne pouvais avoir recours à la force..... n'étais-je pas étroitement garrotté? Quoi qu'il en soit, après plusieurs circuits, plusieurs détours, à travers de sombres couloirs que je ne soupçonnais même pas, j'arrivai, toujours en compagnie de mes bourreaux, à l'entrée d'une porte basse et étroite. Après avoir descendu quelques marches, je me trouvai dans une salle basse et humide, un jour douteux l'éclairait à peine, aussi ne pus-je en mesurer l'étendue; mais je crus m'apercevoir qu'elle était soutenue de distance en distance par d'énormes piliers. Ici, me dis-je intérieurement, ici sans doute est le terme de mon voyage et le lieu de pénitence que je dois désormais habiter. Mais l'abbé, que je n'avais pas d'abord aperçu et qui nous avait dévancés par un autre chemin, me tira bientôt de mon erreur. Par son ordre, une énorme dalle qui couvrait le sol fut enlevée et donna ouverture à une fosse obscure dont mes yeux ne purent mesurer la profondeur, mais de laquelle s'échappa soudain une vapeur humide, noire et méphitique.

— Voici votre dernière demeure, s'écria l'abbé en me montrant cette espèce de tombeau ; mais avant d'y descendre, notre règle exige que vous receviez la discipline. A genoux !

Soudain les deux religieux me contraignirent de m'agenouiller, et, dans le même instant, une cruelle flagellation meurtrit tous mes membres. L'horrible douleur que je ressentis m'ayant arraché quelques cris, une voix, c'était toujours celle du seigneur abbé, fit entendre ces paroles :

— Redoublez, mes frères, jusqu'à ce que le coupable se rappelle que le silence est ici de rigueur.

Ce traitement barbare me fit bientôt perdre connaissance..... Je ne sais combien de temps je restai dans cet état; mais, lorsque je repris mes sens, j'étais seul..... le silence le plus complet régnait autour de moi..... Je compris bientôt que j'avais été descendu, ou plutôt jeté dans un cul de basse fosse, et, qu'après m'avoir débarrassé de mes fers, mes bourreaux s'étaient éloignés. Mon premier mouvement alors fut de me lever, de parcourir, à tâtons, l'intérieur de ma prison..... Mon investigation ne fut pas longue; huit à dix pieds étaient, autant que je pus en juger, tout ce que l'humanité du seigneur abbé m'avait accordé. Toutefois, dans mon nocturne voyage, si l'on peut appeler ainsi les quelques pas que je fis, je me heurtai contre un corps dur..... une cruche pleine d'eau et un morceau de pain..... c'était là désormais ma seule et unique nourriture..... Enfin, l'obscurité la plus profonde régnait dans cette étroite demeure..... Cependant, à la longue, mes yeux s'y habituèrent tellement, que je puis maintenant distinguer confusément les murs de ma prison (1).

(1) Cela peut paraître extraordinaire, mais cela est

Lorsque j'eus réfléchi à toute l'horreur de ma position, un affreux désespoir ne tarda pas à s'emparer de moi..... Je résolus de me laisser mourir de faim. Je croyais la chose facile, ou, tout au moins, possible. Du pain et de l'eau!..... c'est si peu de chose!..... c'est une nourriture si peu attrayante!..... Mais, hélas! le croirait-on? je n'en eus pas le courage!..... Je fus forcé de vivre..... et, vous le dirai-je? je finis même par prendre avec plaisir mon frugal repas, tout en l'arrosant bien souvent de mes larmes.....

Tous les huit jours, on venait me renouveler ma provision. Elle me tombait, ou plutôt m'était jetée, comme à un vil chien, par une petite ouverture pratiquée au sommet de la voûte de ma prison. En vain, dans les commencements, j'adressai plusieurs fois la parole à celui qui était chargé de ce ministère; aucune réponse ne fut ja-

physiquement possible. L'obscurité et la lumière ne sont que relatives. Il en est de même du froid et du chaud.

mais faite à mes questions suppliantes. Cependant, par un raffinement de cruauté, par une barbare compensation, deux ou trois fois on sembla prendre un infernal plaisir à m'annoncer que celle que j'avais séduite avait été honteusement chassée par son époux, et enfermée, pour le reste de ses jours, dans un ignoble asile, où elle avait donné le jour au fruit de notre amour; mais qu'aussitôt, par les ordres de cet époux barbare, cet enfant avait été soustrait pour aller grossir, dans une de ces maisons ouvertes par la charité, le nombre de ces innocentes victimes, fruits du libertinage et de la corruption..... Jusqu'à quel point dus-je alors ajouter foi à cette nouvelle torture morale?..... c'est ce que j'ignore..... c'est ce que l'Éternel, dans sa bonté, n'a pas permis jusqu'à présent et ne permettra sans doute jamais que j'éclaircissse.....

Tel est le récit fidèle de mes fautes et de mes malheurs..... j'ai tu seulement, et j'ai dû taire le nom de celui que j'avais outragé.....

Puisse-t-il être heureux de sa cruelle vengeance!..... Hélas! je la lui pardonne!..... Puisse-t-il goûter, sous les lambris dorés, ce calme, cette tranquillité que Dieu que j'avais offensé, mais qui veille toujours sur sa créature, même lorsqu'elle est coupable, m'a enfin accordés dans cet affreux cachot!

Ces dernières paroles mirent fin au récit de Némorin. Son jeune compagnon, qui l'avait écouté dans le plus grand silence, s'étonnait de tant de courage uni à tant d'infortune; et, malgré les erreurs de ce religieux, dont le ciel avait permis que le châtiment fût si terrible, il ne pouvait s'empêcher de le regarder avec un mélange de respect, d'attendrissement, et surtout d'admirer cette noble franchise qui n'avait pas reculé devant l'aveu de fautes si graves.

Emu jusqu'aux larmes, le jeune religieux, toutefois, gardait encore le silence. Mille pensées tumultueuses assiégeaient son esprit. Némorin, se disait-il en lui-même, Némorin venait d'avouer ses fautes..... Une pareille marque de confiance ne lui était-elle pas due?..... ne lui devait-il pas aussi l'aveu des siennes?..... En agissant ainsi, ne soulageait-il pas ce cœur encore si plein de tendres ou plutôt de coupables souvenirs? ne se débarrassait-il pas, pour ainsi dire, d'un poids énorme?..... N'est-ce pas en effet une sorte de consolation, dans l'adversité, de confier ses peines à un ami?... . Ne semble-t-il pas alors que l'amitié se charge d'une moitié du fardeau?.....

Ces réflexions surmontèrent enfin les scrupules du jeune religieux, et une espèce de fausse honte qui le retenait encore, et le faisait hésiter à s'ouvrir à l'amitié.

— Et moi aussi, s'écrie-t-il soudain avec entraînement en s'adressant à Némorin, je veux vous avouer mes fautes..... Vous verrez que, bien jeune encore, j'ai été le jouet de l'amour..... Vous verrez comme ce perfide a tourmenté mon cœur, et choisi sa victime, ainsi qu'il a fait pour vous, sous la robe du religieux, et derrière les grilles du cloître..... oui, je ne veux rien vous cacher..... je veux que vous sachiez tout..... tout!!! Hélas! l'infortuné ignorait que ces candides aveux, dont le motif était si louable, allaient devenir la source d'une affreuse catastrophe, d'une lamentable péripétie!

Avec cette franchise qu'il venait d'admirer dans Némorin, alors le jeune religieux fait le récit de tout ce qui lui était arrivé depuis son entrée au monastère de Saint-Vannes, et, non sans une vive émotion, déroule cette existence si pleine de larmes, qui a sans cesse assombri ses jeunes ans. Puis, par une juste compensation de tant d'infortune, et pour ainsi dire afin de faire ombre à ce tableau lugubre, il raconte, en rougissant, les luttes qu'il lui a fallu soutenir avec l'amour..... les moments si courts, mais si fortunés qu'il a passés près d'une amante adorée..... Les aveux brûlants qui en furent la suite..... Enfin ces serments solennels scellés, pour ainsi dire, par le trépas et la tombe.

A ces mots prononcés d'une voix presque éteinte le jeune religieux s'arrête quelques instants..... Son émotion est à son comble..... Toutefois il ne s'était pas aperçu que déjà, à plusieurs reprises, Némorin en l'écoutant avait tressailli..... Mais, à ces derniers aveux, un cri de douleur s'échappant soudain de la poitrine de Némorin, était venu glacer d'effroi son jeune compagnon.....

Surpris, stupéfait de cette brusque exclamation à laquelle il était loin de s'attendre, et qu'il prenait pour un manque d'indulgence, ou plutôt pour un blâme indirect, ce dernier hésite s'il continuera son récit, lorsque Némorin, d'une voix défaillante, s'écrie de nouveau :

— Ah! qu'ai-je entendu!..... quel trait de lumière!..... quel fatal mystère vient de s'éclaircir!..... Se pourrait-il?..... Quoi! le ciel aurait permis..... Que je te plains, infortuné jeune homme!.... que nous sommes à plaindre l'un et l'autre !..... Grand Dieu ! je t'en conjure, laisse-moi encore douter de mon malheur !..... de notre malheur à tous les deux.....

Et les paroles semblent expirer sur les lèvres de Némorin.

Ces mots entrecoupés sont autant d'énigmes pour le jeune religieux. Eperdu, hors de lui, non moins atterré peut-être que son compagnon d'infortune, dont le désespoir paraît si grand, il le presse en vain de questions. En vain il le supplie, dans les termes les plus touchants, de dévoiler ce mystère terrible.

— Qu'oses-tu demander ? s'écrie le religieux..... Puisses-tu l'ignorer toujours !..... ou plutôt remercie le ciel d'avoir permis, dans sa bonté, que tu l'ignores..... Ah ! si tu le pénétrais, ce fatal mystère, il serait le tourment de ta vie..... Encore une fois, prie bien plutôt l'Eternel qu'il l'ensevelisse pour jamais dans le plus profond oubli, ce mystère d'iniquité !!!... Oui, prie ce Dieu plein de miséricorde, prie-le nuit et jour, lui seul peut alléger et tes peines et les miennes..... Tes peines!..... Ah! maintenant les miennes sont mille fois pires..... Pleurons nos fautes, mon fils, pleurons-les éternellement.

— Je vous en conjure, ô mon frère, s'écrie de nouveau le jeune religieux avec l'accent de la plus touchante supplication, je vous en conjure, éclaircissez.....

— Encore une fois, ne m'interroge pas..... ce secret, ce fatal secret que tu veux pénétrer..... sais-tu ce que tu désires?..... c'est la mort!!! oui, c'est ta mort!!! Il fera la mienne!!! Non, jamais je ne pourrai supporter un tel poids sur mon cœur..... Il m'étouffe, il m'abîme, ce poids..... Il est là, comme un fer brûlant, comme un affreux cauchemar..... Et toi, jeune infortuné! toi, si frêle, toi, si faible encore, tu voudrais..... Ah! malheureux! tu n'y pourrais jamais résister.....

Et le religieux laisse échapper de son

sein haletant des sanglots entrecoupés..... des cris déchirants..... Il erre, comme un insensé, dans son noir cachot..... Le bruit de ses pas précipités sur le sol, le choc de ses membres émaciés contre les murs humides, retentissent comme la pellée de terre que l'insensible fossoyeur jette, à la dernière heure, sur la planche du sépulcre..... L'écho redit, au loin, ce lugubre et sourd mugissement..... C'est le fracas de la tempête au fond des noirs abîmes.

Cependant le jeune religieux ne peut comprendre tant de larmes, tant de cris, tant de désespoir. La bouche collée à l'étroit passage par lequel il peut seul communiquer avec son malheureux compagnon, c'est en vain qu'il s'épuise en paroles de consolation..... C'est en vain qu'il redouble ses pressantes supplications..... c'est en vain qu'il multiplie ses questions incessantes..... C'est en vain qu'il descend jusqu'à la prière, pour obtenir le mot de l'énigme fatale qui torture son esprit, et, plus encore, celui de l'infortuné Némorin. Celui-ci, ne répond que par des mots entrecoupés ..... des phrases inintelligibles..... ou bien, comme un refrain terrible, il fait entendre ces paroles :

— Redoute, redoute de pénétrer un horrible mystère !!!

Quelquefois aussi, dans le paroxysme de son désespoir, Némorin prononce avec force un nom chéri..... Ce nom qui, par un hasard inexplicable, rappelle aussi à son jeune compagnon de si doux et de si tristes souvenirs, fait tressaillir celui-ci, et augmente encore l'horrible anxiété qu'il éprouve..... Hasarde-t-il alors une timide et suppliante question..... une voix aussitôt s'écrie :

— Redoute, redoute de pénétrer un horrible mystère !!!

A ces lugubres et saisissantes paroles, ah ! que le jeune religieux se repent d'avoir ouvert son cœur !..... Qu'il craint d'avoir commis une irréparable indiscrétion!!! Il ne le comprend que trop maintenant, l'infortuné, il ne le comprend que trop : il est des fautes qui doivent être à jamais ensevelies dans les entrailles de la terre (1). Ce châtiment qu'il trouvait si rigoureux, ce châtiment qui l'avait fait descendre tout vivant dans un affreux cachot, eh bien!..... c'était de la prévoyance..... c'était de la justice..... mais cette prévoyance, cette justice des hommes n'avaient pas fait assez..... il fallait encore qu'il n'eût aucune communication non seulement avec les humains,

(1) Certes nous sommes loin, bien loin de regretter les lettres de cachet, et de vouloir les ressusciter; mais quand on réfléchit que cette mesure du despotisme, tout inique qu'elle était, avait cependant l'avantage d'éviter de faire couler le sang, d'ensevelir le crime et le criminel, et surtout de sauver l'honneur des familles, en coupant court à d'affreux scandales, on se demande quelles mesures protectrices et conservatrices de la société notre siècle de lumières a mises à la place..... des bastilles du bon plaisir. Serait-ce par hasard le contact, dans la même geôle, de l'enfant qui débute dans la carrière..... avec le scélérat consommé dans le crime?

mais même avec le malheureux Némorin..... Il le fallait, pour le repos et de l'un et de l'autre..... Evidemment c'était là le but du châtiment, la volonté du juge..... Le jeune religieux est donc coupable, une seconde fois, d'avoir éludé, d'avoir enfreint cette volonté, d'avoir *modifié* le châtiment, d'avoir en un mot *rompu son ban*..... En s'ouvrant une voie de communication, à travers les murs épais qui le séparaient de la prison de Némorin, en commettant cette nouvelle faute, il a aggravé, et son sort déjà si affreux, et celui de son compagnon d'infortune. Que de regrets à avoir!... que de reproches à se faire!..... Avant cette fatale indiscrétion, ce dernier souffrait en patience sa dure captivité..... Il *vivait* paisible..... *heureux* peut-être..... dans son affreuse prison. Et maintenant!..... Quel triste sujet de réflexion pour le jeune religieux!..... Ah! encore une fois, il ne le comprend que trop maintenant, il est certains crimes qui demandent impérieusement que le criminel soit séquestré de la société..... Et si alors l'échafaud ne doit pas s'élever, si le sang ne doit pas couler, les entrailles de la terre, le fond des abîmes doivent engloutir la victime, et la dérober à jamais à ses semblables épouvantés..... Oui, le moindre contact du coupable avec l'innocent serait un nouveau crime, bien plus grand, bien plus dangereux, dans ses suites et dans ses résultats, que le premier.

A ces tristes réflexions en succèdent d'autres non moins tristes. Sans toutefois pouvoir pénétrer ce profond mystère, le jeune religieux ne peut plus douter de sa faute et se faire illusion sur les graves conséquences qui en sont la suite...... Mais quel rapport cette faute peut-elle avoir avec la position de Némorin?..... Pourquoi l'affreux désespoir de ce dernier?..... c'est ce que son jeune compagnon se demande sans cesse..... c'est ce qu'il ne peut comprendre.....

Près de trois jours s'étaient écoulés depuis cette scène déchirante, et la vive douleur de Némorin, loin de se calmer, semblait s'accroître encore. Le jeune religieux crut même s'apercevoir que l'infortuné ne prenait plus aucune nourriture, et s'était relégué dans un coin de son cachot. Toujours est-il que ses sanglots et ses cris, quoique non moins fréquents, avaient cependant perdu de leur intensité Preuve évidente que ses forces physiques s'affaiblissaient. Il crut aussi entendre Némorin invoquer avec ferveur le père commun des hommes, le consolateur des affligés et des coupables. Dans ce moment le profond désespoir de celui-ci était empreint de cette teinte religieuse qui sanctifie et épure la plus vive douleur, donne la force nécessaire pour supporter les plus grandes adversités et procure ce calme que les consolations humaines ne donnent jamais. Mais, hélas! ce calme apparent était..... celui de la mort. Son jeune compagnon n'en put douter, lorsque tout-à-coup Némorin l'appelant d'une voix faible et presque éteinte, lui recommanda d'invoquer le père commun des infortunés: — Oui, ajouta-t-il, je sens que ma fin approche et que bientôt sans doute il me faudra comparaître devant mon juge.

A ces tristes paroles, testament de l'âme chrétienne, le jeune religieux ne put retenir ses larmes. — Prenez courage, mon frère, s'écria-t-il; prenez courage, Dieu pardonnera à votre vif repentir, et le trépas n'est peut-être pas si.... — Ah! répond Némorin, les peines du cœur sont toutes mortelles..... le poignard a frappé là.... là..... rien ne peut me rappeler à la vie.... non, rien.... — Ciel! qu'ai-je entendu?.....se pourrait-il?..... — Oui, mon fils... ah! laisse-moi te donner ce nom..... il soulage mon cœur..... Mais que dis-je?..... quel aveu terrible!..... Je te le devais..... pardonne, grand Dieu! pardonne, voici la dernière heure..... elle a sonné..... La mort, la mort s'avance, je le sens..... et le ciel sans doute a permis que tu descendisses dans ce cachot, pour que tu reçusses mon dernier soupir; oui, je t'attends, ô mon fils, je t'attends...... pour mourir.... viens là, viens le plus près que tu pourras de moi; viens, que je respire le même air que toi, que je sente ton souffle..... Ah! c'est celui.... mais, qu'allais-je dire?..... Pardonne, grand Dieu!!! pardonne au coupable qui fait l'aveu de sa faute!!! Ah! qu'il me coûte ce terrible aveu! Et toi, jeune infortuné, ne m'en demande pas davantage... je suis... je suis ton père!!! Eh bien! tu l'as entendu..... tu le sais maintenant, tu le sais ce fatal secret..... Ai-je assez soulevé le voile?..... Mais non, je suis en délire..... si seulement je pouvais te voir, te presser sur mon cœur!..... O mon Dieu! tu me punis bien cruellement..... Au moins épargne-le ce fils chéri..... peut-il être coupable?...... n'ignore-t-il pas....? Mon fils, viens auprès de moi, viens; oui, ta présence enlèvera au trépas toute son horreur....... toute son amertume....... Viens, nous prierons l'Éternel ensemble, nous le conjurerons, nous le supplierons... Ta jeunesse fléchira notre juge..... il n'est pas inexorable, lui....... c'est un bon père........ Il châtie, mais il aime ses enfants....

A ce langage déchirant et énigmatique, Hyacinthe (car c'était lui l'infortuné qui subissait aussi dans un étroit cachot un châtiment barbare), Hyacinthe, dis-je, le malheureux Hyacinthe n'avait répondu jusque-là que par des pleurs et des sanglots. Mais lorsque ce nom sacré de père s'est échappé des lèvres de Némorin, un pouvoir magique et surnaturel a fait soudain vibrer avec force le cœur du jeune novice. — Vous mon père?...... s'est-il écrié, serait-il possible?.... Ah! n'aurais-je pas dû m'en douter? Vous seul ici bas avez été humain à mon égard.... Oui, vous êtes mon père, je le sens, j'en suis certain....... Où sont-ils ces méchants qui disaient que je n'avais pas de parents?..... qu'ils descendent ici, ils seront témoins de mon bonheur....... Noir cachot, tu fais maintenant ma félicité, puisque j'y suis près d'un père chéri....... Dieu bon, Dieu miséricordieux; ah! je te remercie de m'avoir rendu mon père; oui, je te remercie.

En prononçant ces derniers mots, Hyacinthe tombe à genoux en levant ses mains vers le ciel..... Mais, hélas! ce père qui fait luire un rayon de bonheur aux yeux du jeune novice, ce père n'a plus que quelques instants à vivre; bientôt il aura cessé d'exister.

Dans le même instant, les cloches du monastère se font entendre avec force..... Leur son prolongé a pénétré jusque dans ces profondes demeures de misères et de larmes.

— Mon fils, s'écrie alors Némorin, entends-tu le glas des derniers moments?..... Il m'appelle..... c'est moi qu'il appelle.... Viens, ô mon fils, viens que je te bénisse..... Oui, je te bénis!!! puisses-tu être plus heureux que moi!..... puisses-tu!.... Et toi, Honorine!... Mais que dis-je? pardonne, ô mon Dieu, pardonne!... pardonne et frappe... Je me soumets... je t'appartiens...

Levant ses mains tremblantes vers le ciel, Némorin s'écrie encore :

— O mon Dieu! ô toi que j'ai tant outragé, tu vois mon repentir..... accorde-moi ce pardon que j'implore..... Et toi, mon fils, mon Hyacinthe, intercède le juge suprême pour ton père..... Que ta jeunesse, que ta candeur éloignent la foudre vengeresse..... Ah! je dois l'espérer, l'Éternel a enfin ouvert les trésors de sa miséricorde..... Oui, l'Éternel a pardonné..... il a permis que mon fils reçoive mes derniers soupirs.....

Et, en prononçant ces derniers mots, le moribond a pressé sur son cœur cette croix, talisman sacré, talisman mystérieux qu'un Dieu sanctifia jadis, en donnant sa vie pour nous.

Puis, de ses mains défaillantes, la présentant toute baignée de ses larmes, et encore humide de ses derniers soupirs, à

Hyacinthe, le religieux de Saint-Vannes s'écrie d'une voix forte :

— Mon fils, reçois de ton père ce legs sacré..... c'est le seul qu'il puisse te faire..... ne le quitte jamais..... A toi, encore une fois, ô mon fils! ô mon Hyacinthe! à toi pour jamais!!! Maintenant à vous, ô mon Dieu!!!

En en invoquant le nom sacré, le nom révéré du père commun des mortels, Némorin a rendu le dernier soupir.

. . . .

. . . .

Au silence effrayant qui succède à ces derniers accents de la vie, Hyacinthe n'a que trop compris le nouveau malheur qui vient de fondre sur lui..... il n'a que trop compris qu'il est pour jamais privé d'un père..... que l'Éternel a retiré à lui sa créature..... Dans ce moment cruel, la douleur de l'infortuné novice est trop profonde pour qu'il puisse encore verser des larmes;

la source en est tarie..... Seulement une tristesse ineffable, une résignation sans bornes habitent ensemble dans son cœur brisé. Tous ses pensers sont pour celui qu'il a tant, qu'il aurait tant aimé, pour celui qu'il pleurera toujours..... pour celui dont il conservera un éternel souvenir..... Mais il a dû en faire le sacrifice..... Ainsi l'a voulu le ciel..... Et, d'une voix altérée, Hyacinthe s'est écrié :

— Adieu, ô toi le plus infortuné des hommes ! adieu, ô toi le plus infortuné des pères ! Ta vie eût fait le charme de la mienne..... Pourquoi faut-il qu'à peine je t'aie connu un jour ?..... Mais le ciel l'a ainsi voulu..... Que la volonté de l'Éternel soit bénie !.... N'est-ce pas pour jouir d'une félicité sans nuage, d'une félicité éternelle, que ton créateur t'a appelé à lui ?..... N'est-ce pas pour que ton âme immortelle, épurée par le malheur, aille se reposer à jamais dans le sein de son Dieu ?..... Encore une fois, que la volonté de l'Éternel soit faite..... Adieu ! ô mon père ! adieu ! adieu pour jamais !.....

Hyacinthe peut à peine achever ces derniers mots..... sa voix s'est éteinte insensiblement..... contre les murs humides de son cachot, sa tête brûlante s'est penchée lentement..... Une sorte de somnolence s'est emparée de tous ses sens..... ses yeux se ferment..... et près de l'horrible prison où gît le corps inanimé d'un père, un fils infortuné va peut-être succomber à sa trop juste douleur.

Douzième Journée.

Des profondeurs de l'abîme, mon âme s'est écriée vers toi, ô Seigneur mon Dieu!!!

(*Psalm.* 129, v. 1.)

Collocavit me in obscuris sicut mortuos....

(*Psalm.* 142, v. 4.)

Je suis descendu dans des cachots où le jour ne descendait pas!!!

(*Pensées de l'auteur.*)

Cependant Antoine de Serrières, abbé de Saint-Vannes, venait de terminer sa carrière (1475). Il laissait après lui peu de regrets. Sa dureté, son extrême sévérité pour les autres, bien que sa conduite n'eût pas toujours été irréprochable, et surtout son avidité sans bornes, son amour excessif des richesses, lui avaient fait beaucoup d'ennemis et un tort non moins notable à sa réputation..... Non content de posséder le prieuré de Flavigny et l'abbaye de Saint-Vannes, il s'était encore attribué, ainsi que nous l'avons déjà dit, au grand mécontentement de toute la communauté, quatre autres offices, que son prédécesseur, l'abbé Etienne, avait fait mettre en réserve pour réédifier l'église (1). Un si honteux cumul avait excité au dernier point les murmures des religieux, qui furent toutefois obligés de se soumettre, intimidés qu'ils étaient par cette brutale sévérité, dont l'abbé Antoine de Serrières donnait de temps en temps des exemples terribles (2), mais en les faisant

(1) Voyez *Roussel*.

(2) La dureté de cœur est ordinairement compagne de l'avarice. On a donc pu supposer qu'Antoine de Serrières,

tomber de préférence, et avec autant de fourberie que de politique, sur ceux des religieux qui étaient sans appui et sans influence. Un de ceux-ci, dont on se rappelait à peine le nom, avait été une de ses premières victimes; et, tout récemment, Hyacinthe venait d'être l'objet de ses rigueurs.

Matthieu de Dammarie lui succédait ; par sa piété, ses mœurs douces (1), le nouvel élu semblait promettre un meilleur avenir au monastère. Son humanité lui faisait surtout un devoir de mettre un terme à la dure captivité infligée, par son prédécesseur, à ces deux religieux. Aussi se hâta-t-il, après son élection, de proclamer en leur faveur un généreux pardon, à la grande satisfaction de toute la communauté, dont *le relâchement* ne pouvait approuver des

qui avait donné des preuves non équivoques de ce dernier vice, n'était pas irréprochable sous le rapport de la charité chrétienne.

(1) L'histoire ne donnant que peu ou point de renseignements sur cet abbé, nous avons dû le supposer meilleur que son prédécesseur.

rigueurs qui, tôt ou tard, pouvaient atteindre quelques uns de ses membres.

Toutefois, ce ne fut pas sans peine que l'abbé put parvenir jusqu'à ces deux infortunés. Et en effet, l'horrible cachot où ils gémissaient était un mystère connu seulement de deux ou trois anciens religieux; et puis, ceux-ci ayant été en quelque sorte sinon les instigateurs, du moins les approbateurs silencieux de ce barbare châtiment, il était assez vraisemblable qu'ils ne voyaient qu'avec un dépit secret le grand acte de justice et de miséricorde de l'abbé. Aussi n'obéirent-ils qu'avec regret à l'ordre que leur avait intimé celui-ci, de le conduire vers la triste demeure des deux reclus; force fut cependant d'obéir, sous peine, aurait dit défunt Antoine de Serrières, d'aller prendre la place des deux prisonniers.

L'*In-Pace*, ainsi se nommait la prison en question, était situé dans un endroit fort reculé du monastère. Jamais, ou presque jamais on n'avait occasion d'aller dans cette partie du couvent. Aussi les gémissements des malheureuses victimes qui pourrissaient dans ces ténébreuses et humides demeures ne pouvaient-ils parvenir aux oreilles des vivants.

Que l'on s'imagine, au fond d'une cave profonde, un caveau de huit à dix pieds carrés, sans porte, sans escalier pour s'y introduire (les coupables y étaient descendus avec des cordes). Tout autour, et scellés dans le mur, de forts anneaux de fer auxquels on attachait les malheureux, un lit de pierre, un peu de paille, des ténèbres perpétuelles, pour toute nourriture, du pain et de l'eau, à la voûte une espèce de soupirail pour y faire passer *ce pain de misère et cette eau d'angoisse*, et l'on aura une idée de ce qu'était, au moyen âge, l'*In-Pace* d'un monastère (1).

La nuit venait de répandre ses voiles

(1) Cette description est absolument conforme à l'*In-Pace* que nous avons vu à Saint-Vannes.

sur le monastère, lorsque l'abbé, suivi des deux religieux, se dirigea en silence vers ce lieu de douleur. Une froide bise du nord soufflait dans les couloirs obscurs qu'ils furent obligés de parcourir. De temps en temps l'écho répétait comme une plainte, ou comme un soupir, le bruit de leurs pas. De temps en temps encore, des bruits inconnus se prolongeaient dans ces demeures inhabitées, et, parfois, des ombres fantastiques se dessinaient sur les murs tout dégouttants d'humidité. Enfin, après bien des détours, l'abbé et ses deux compagnons parvinrent sur l'emplacement où étaient creusés les deux *In-Pace*.

Si l'on a bien compris la description que nous venons de faire de ces séjours de douleur, on comprendra également qu'il était impossible d'opérer la délivrance des malheureux reclus, à moins de lever de larges dalles en pierre scellées au faîte des voûtes de ces horribles prisons. A l'aide de forts leviers de fer, les dalles en question furent bientôt déplacées. Mais ce n'était pas tout : il fallait ensuite exhumer de leur tombeau, car c'en était bien un, les deux victimes. Des cordes leur furent jetées, et, en même temps, l'abbé se penchant sur le bord des gouffres que l'on venait d'ouvrir, annonça d'une voix paternelle à ces infortunés que leur captivité était terminée, et qu'ils eussent à se confier à l'échelle de corde qui leur était offerte..... Mais, hélas! un affreux silence fut la seule réponse qu'obtinrent ces paroles de paix et de miséricorde.

L'abbé, dont le cœur était bon et compatissant, soupçonna tout d'abord qu'un grand malheur était peut-être arrivé. Se retournant vivement vers les religieux (c'étaient eux qui avaient été chargés de porter la nourriture aux reclus), il leur demanda, d'un ton sévère, s'ils avaient toujours rempli exactement ce devoir sacré..... Leur réponse ayant été affirmative, l'abbé prit soudain son parti. Espérant que les deux victimes n'étaient peut-être qu'évanouies par le défaut d'air, et craignant qu'un plus long retard ne leur devînt fatal, il se fit d'abord descendre dans l'*In-Pace* où gisait Hyacinthe, supposant, et avec raison, que ce jeune homme avait encore plus besoin de quitter son affreux cachot que son compagnon, qui, y étant depuis si long-temps, devait, en quelque sorte, être accoutumé à cette épouvantable existence.

A la pâle lueur de la lampe dont l'abbé s'était muni, il n'eut pas de peine à distinguer au milieu de quelques débris de paille épars, sur un banc de pierre, Hyacinthe couché ou plutôt étendu sans voix et sans mouvement, dans l'attitude d'un mortel qui a rendu ou va rendre le dernier soupir.... A ce spectacle déchirant, le premier soin de l'abbé fut de porter sa main sur le cœur de l'infortuné..... O bonheur inespéré! il battait encore...... mais bien faiblement. Saisir le malheureux jeune homme, le suspendre à l'échelle de corde, s'y accrocher ensuite lui-même et se faire hisser par les deux religieux, fut l'affaire d'un instant.

L'air extérieur, plus frais et infiniment plus pur, ne tarda pas à exercer sa bienfaisante influence sur Hyacinthe, et à le tirer peu à peu de l'état léthargique où il était plongé. Bientôt quelques soupirs étouffés, quelques sons inarticulés s'échappèrent de sa poitrine. — Mon fils, s'écria l'abbé en versant des larmes de joie, à la vue de ces signes consolateurs; mon fils, je viens vous rendre à la liberté..... Il ne put achever, tant était grande son émotion, en présence du spectacle douloureux qu'il avait devant les yeux.

Cependant, grâce aux soins affectueux que lui prodigue l'abbé, Hyacinthe a repris ses sens. Il se lève sur son séant..... jette autour de lui des regards égarés et craintifs.... On dirait qu'il sort d'un profond sommeil.... Mais tout-à-coup, comme si une horrible apparition s'offrait à ses yeux, il s'écrie avec l'expression d'une vive terreur, d'une profonde indignation, en reconnaissant les deux religieux, ceux-là mêmes qui l'avaient plongé dans l'horrible cachot : — Malheureux! c'est vous qui avez tué mon père!.....

Et en prononçant ces mots, le jeune novice de Saint-Vannes paraît en proie au plus violent désespoir.

— Mon fils, reprend alors l'abbé qui est loin de comprendre le sens des lugubres paroles d'Hyacinthe; mon fils, je viens vous réconcilier avec le ciel... il vous pardonne... remerciez-le, mon fils.....

— Moi, votre fils!... vous, mon père!... non! non! il est là.... mon père, là!..... malheureux! vous l'avez tué!... vous avez tué mon père!.... voyez, il est là!....

Et Hyacinthe, du geste et des yeux, indique le noir cachot où gît Némorin.

A ce langage déchirant, les deux religieux sont comme insensibles..... eux cependant, eux qui devraient comprendre de reste le sort affreux de l'infortuné qu'ils étaient chargés de surveiller, ou plutôt de torturer..... Eh bien! non..... ils n'ont pas compris tout ce que la voix d'un fils a d'éloquence, quand elle gémit sur la tombe d'un père..... Ils n'ont pas compris ces larmes brûlantes, ce profond désespoir..... Ils n'ont rien compris à tout cela, les malheureux!.... leur cœur est si sec!..... si aride!..... Hélas! en pourrait-il être autrement?..... Il y a si long-temps qu'ils sont sous les grilles d'un cloître; si long-temps qu'ils n'ont pas entendu prononcer ce nom chéri de père; si long-temps qu'ils ont perdu le souvenir de ces moments si doux passés dans ses bras; si long-temps qu'ils n'ont pas reçu les tendres caresses d'une mère; si long-temps qu'ils sont étrangers, *indifférents* à ces pieux élans qui viennent de là..... du cœur!!! qu'il n'est pas étonnant que ce langage délirant de la piété filiale ne soit plus pour eux qu'une énigme..... dont ils ont cependant le mot sous les yeux.....

le mot écrit en caractères de sang!!!

Il n'en est pas de même de l'abbé. Son cœur est loin d'être fermé à tout sentiment généreux. Il a compris de reste le langage déchirant, le langage si expressif, si énergique de la piété filiale.

— Qu'on me descende dans ce cachot, s'écrie-t-il avec l'accent de la plus vive exaltation, et en désignant l'horrible demeure ou gît Némorin ; qu'on me descende dans ce cachot; peut-être serai-je encore assez heureux pour sauver un de nos frères!!!

Et soudain l'abbé est descendu dans le gouffre de la mort.

A la lueur tremblante d'une lampe qui menace à chaque instant de s'éteindre, tant l'air est vicié dans cet affreux séjour, l'abbé aperçoit gisant sur le sol humide..... un cadavre presque nu!!!... Un rosaire est entrelacé dans ses bras décharnés..... Un missel est à ses côtés..... L'abbé saisi de respect et de terreur s'approche..... il interroge avec anxiété ce corps qui conserve à peine quelque forme humaine..... Hélas! nulle pulsation ne se fait plus sentir..... tout indice de la vie a disparu..... son souffle s'est éteint..... la créature est remontée vers le créateur..... L'infortuné qui vient d'expier toutes ses fautes sur cette terre de larmes et de misères est là-haut..... son âme pure et radieuse a quitté son enveloppe mortelle et s'est élancée dans le sein de son Dieu..... Là, tous les maux sont finis..... là, une éternité de bonheur attend le juste!!!...

Et l'abbé, en proie à la plus vive émotion, n'a pressé dans ses bras qu'un froid cadavre, froid comme le marbre des sépultures, froid comme la mort elle-même.

Cependant ce triste débris de celui qui fut créé à l'image d'un Dieu est exhumé du séjour de douleur où il gisait depuis tant d'années. A son aspect, les deux religieux saisis d'un mouvement convulsif reculent épouvantés..... Un cri d'effroi s'échappe de leur poitrine haletante..... Leurs genoux se dérobent sous eux..... et soudain ils s'affaissent comme deux moribonds près du corps inanimé de celui qui fut leur martyr, ou plutôt dont ils furent les bourreaux.

Mais ce spectacle lamentable n'est que le prélude d'une scène cent fois plus déchirante. En proie au plus violent désespoir, Hyacinthe, l'infortuné Hyacinthe s'est précipité sur ces restes sacrés..... Il baigne de larmes, il couvre de baisers ce triste trophée de la mort. Il prodigue à ce corps sans vie les noms les plus chers. — Mon père, s'écrie-t-il, mon père, c'en est donc fait!.... Ils t'ont tué!... les barbares!.... Ah! que ne m'ont-ils fait aussi partager ton sort affreux!.... Mais c'est envain que, dans leur malice infernale, ils ont voulu nous séparer..... Je ne te quitterai plus..... j'en fais le serment!.... Nulle force humaine ne pourra te ravir à mes embrassements.....

Les cruels! je les brave tous..... Je brave tous leurs efforts..... Je brave toutes leurs tortures...... Je brave tous leurs supplices...... oui, je brave tout maintenant que je puis te presser dans mes bras..... O mon père!!! si tu pouvais m'entendre! si tu pouvais voir comme je te chéris !.... cela suffirait à ma félicité,.... Eh bien! que du moins la même tombe nous reçoive tous les deux.... et je bénirai encore mon sort....

C'est ainsi que, dans son délire, Hyacinthe, l'infortuné Hyacinthe prodigue et sa douleur et ses embrassements à un cadavre. Interdit, stupéfait, l'abbé ne peut s'expliquer cette scène délirante et ces regrets si vifs de la pitié filiale qui sont pour lui comme une énigme. Un moment il craint que l'excès du malheur n'ait peut-être troublé l'esprit d'Hyacinthe. — Mon fils, s'écrie-t-il en s'efforçant d'arracher le jeune novice du corps inanimé qu'il presse dans ses bras, mon fils, de grâce calmez-vous..... voyez, nous aussi nous partageons votre trop juste douleur..... voyez, nous aussi nous versons des pleurs sur la tombe de notre frère commun. Ah! il est plus heureux que nous, ce ne sont point des larmes que demande sa mémoire, ce sont des palmes, ce sont des couronnes qu'il faut jeter sur sa tombe..... Ne vient-il pas de conquérir celles du martyre?..... Venez, mon fils, venez, allons tous rendre grâce à l'Éternel.

Mais Hyacinthe :

— Laissez-moi, vous dis-je, laissez-moi me livrer à tout mon désespoir..... Je ne veux pas de vos consolations...... Elles me tuent.... Oui, je veux pleurer éternellement sur la tombe d'un père..... C'est le seul bien qui me reste.... Ah! cruels! ne voudriez-vous pas encore me le ravir..... ce bien.... cette consolation?..... N'êtes-vous pas satisfaits d'avoir tué mon père?... mon père!... Voyez, c'est vous qui l'avez tué.....

— Mon fils, s'écrie encore l'abbé, en pressant sur son sein Hyacinthe; mon fils, refuseriez-vous de venir remercier Dieu de votre délivrance ?..... Il est si doux de l'implorer! de le bénir!..... Allons, venez avec moi, venez vous prosterner dans son temple..... venez vous agenouiller au pied de ses saints autels..... Ah! croyez-moi, ce Dieu bon, ce Dieu miséricordieux, ce Dieu notre père à tous est aussi le consolateur des affligés.

Puis, se retournant vers les deux religieux, qui sont encore à genoux à côté du corps de Némorin, et qui contemplent, dans une stupeur difficile à décrire, ce spectacle déchirant, l'abbé, d'une voix émue, s'écrie : — Mes frères, portons dans le temple du Seigneur celui qu'il vient d'appeler à lui!..... hâtez-vous!..... et vous, Hyacinthe, venez!..... Dieu le veut!.....

Ces accents prophétiques semblent doués d'un pouvoir surnaturel..... Chargés de leur pieux fardeau, et suivis de l'abbé et d'Hyacinthe qu'une subite résignation a comme inspiré tout-à-coup, les deux religieux s'avancent en silence vers la maison du Seigneur. Des sanglots étouffés accompagnent cette pompe funèbre éclairée seulement par la lueur incertaine d'une lampe.

Mais déjà le triste cortége est parvenu dans la sainte basilique. L'édifice sacré retentissait alors des chants des religieux rassemblés dans le chœur pour la prière du soir. Ces voix mâles se perdant dans l'ombre des voûtes de la nef sont comme de mystérieuses inspirations, ou de tendres soupirs s'exhalant vers les célestes régions. La flamme vacillante de quelques torches éclaire seule le sanctuaire, et fait ressortir encore davantage les profondes ténèbres dans lesquelles est plongé le reste de l'édifice. Enfin l'oiseau des nuits, comme un lugubre signal, effleure de son aile grisâtre les vitraux colorés, et, par intervalles, fait entendre, comme un glas de mort, son cri de sinistre présage.

Cependant, à la voix de l'abbé, la dépouille mortelle du religieux martyr a été déposée sur les marches du chœur, en face du grand autel. A l'aspect de la mort, les chants de jubilation ont soudain cessé..... L'écho lointain seul redit encore, comme un faible souvenir, ces concerts de louanges et de bénédictions, hymnes sublimes que l'Esprit saint inspira jadis. Comme la mort qui est là présente, tout est silencieux autour d'elle..... et celui qui connaît le fond des cœurs, sait seul alors ce qui se passe dans l'âme de ces religieux témoins de ce spectable terrible et inattendu.

Ce silence imposant durait depuis quelques instants, lorsque l'abbé s'écria d'une voix émue, mais forte :

— Prions, mes frères! prions pour un de nos frères!

Et soudain ceux-ci empruntant de nouveau le langage sublime du prophète-roi, l'ode admirable des derniers jours a retenti sous les voûtes sacrées, et comme un long gémissement, la douleur a exhalé sa voix suppliante.

« Des profondeurs de l'abîme mon âme » s'est écriée vers toi, ô Seigneur mon Dieu! »

. . . .

. . . .

Et comme les derniers soupirs de l'âme agonisante, le chant redoutable de la mort s'est terminé.

Cependant, interdits et muets, les religieux se sont approchés de la dépouille mortelle de celui qui fut leur ancien compagnon. A la vue de ce corps émacié, à la vue de ce cadavre qui offre des traces indélébiles de l'affreux, de l'épouvantable martyre qui l'a torturé pendant si long-temps, des larmes de compassion s'échappent de tous les yeux. Hyacinthe, dans un pieux recueillement, Hyacinthe pour ainsi dire enfermé dans le silence de la douleur, Hyacinthe est seul encore agenouillé aux pieds de celui à qui il donnera des regrets éternels. A ce touchant spectacle, la vive émotion qui s'était emparée de tous les religieux redouble encore. Tout le monde garde un profond silence, chacun semble craindre de troubler cette douleur ineffable d'un fils..... ou plutôt d'un enfant si cruellement puni d'une faute dont il n'a pu connaître la gravité, dont il n'a pu mesurer les conséquences, mais que celui dont la miséricorde est sans bornes, parce que sa puissance est éternelle, a sans doute déjà pardonnée.

Ce pieux recueillement durait depuis quelques instants, lorsque l'abbé s'approchant d'Hyacinthe s'écrie d'une voix émue :

— Mon fils, le sacrifice est consommé..... l'Éternel l'a accepté..... seul il va veiller sur l'holocauste..... Venez donc maintenant avec nos frères, puisque vous êtes réconcilié avec le ciel.

Et, en disant ces mots, l'abbé prenant Hyacinthe, et suivi de la foule des religieux, dirige ses pas vers le monastère.

Cependant le jeune novice, dont l'affliction est maintenant sous l'empire d'une pieuse résignation que la religion seule peut donner, a confié ses plus secrètes pensées à l'abbé. Celui-ci, dont le cœur généreux et paternel ne peut rester insensible à tant de candeur, à tant d'infortune, s'efforce de verser le baume salutaire des consolations dans cette âme brisée de douleur. Il a compris les orages de ce cœur brûlant, et les a couverts du manteau de l'indulgence.

— Mon fils, s'écrie-t-il, votre destinée n'est plus maintenant mystère pour moi..... Le voile qui la dérobait hier encore à mes yeux vient, à la voix de la vérité, de se déchirer soudain..... Mais cette vérité que votre noble franchise a fait apparaître à mes regards, doit demeurer éternellement un secret impénétrable pour notre saint monastère..... L'église abhorre le scandale..... votre humble aveu suffit..... Bien plus, je dois même vous dire que le ciel, dans sa bonté, que le ciel, dans sa sagesse, semble permettre, ou plutôt ordonne que vous ignoriez toujours la profondeur de l'abîme que votre faute avait creusé sous vos pas..... Oui, dans sa bonté, Dieu veut que vous ignoriez la grandeur de votre *infortune*..... Ne m'en demandez pas davantage, mon fils ; je dirai plus, craignez de m'interroger..... redoutez de sonder ce mystère d'iniquité..... Encore une fois, l'Eternel, dans sa miséricorde, veut que vous l'ignoriez toujours..... Remerciez, mon fils, remerciez celui qui vous dérobe la vue de cet abîme..... Ah! si votre imprudence osait le sonder jamais, il serait pour vous un supplice de tous les temps et de tous les lieux..... Voyez, le ciel a permis que vous fussiez coupable, mais, en même temps, dans sa clémence il veut qu'une partie de votre faute demeure un mystère pour vous..... et pourtant il vous pardonne..... oui, n'en doutez pas, vous êtes réconcilié avec le ciel..... et c'est à vos larmes, c'est à votre repentir, que vous devez cette inappréciable faveur.....

Maintenant, mon fils, vous avez de grands devoirs à remplir envers la société.

Votre position ne vous permet plus de rester avec nous. Votre naissance, votre rang vous appellent ailleurs..... Demain nous rendrons les derniers devoirs à celui que vous regrettez tant....., et, dès que vous aurez versé ces larmes pieuses que vous devez à sa mémoire, vous partirez pour aller sur un théâtre plus convenable, plus en rapport avec votre âge et votre condition. De hautes protections que j'ai dans le monde, de nobles et puissants amis, qui seront les vôtres à ma recommandation, vous serviront de mentor, dirigeront vos pas et guideront votre inexpérience dans cette nouvelle carrière que vous allez parcourir..... Cette carrière est celle des armes..... Telle est la volonté du ciel..... Oui, n'en doutez pas, s'il a permis que ce monastère fût témoin de tant de peines, de tant de tribulations qu'il a répandues sur vos jeunes ans, c'étaient de secrets avertissements qu'il vous donnait, c'était pour vous montrer que vous vous faisiez illusion sur votre vocation cénobitique..... Soumettez-vous donc, mon fils, et obéissez, sans murmurer, à ces secrètes inspirations de celui qui dirige, pour notre plus grand bien et sa plus grande gloire, tous les instants de notre mystérieuse destinée.

Hyacinthe, qui avait écouté attentivement les paternelles exhortations de l'abbé, ou plutôt les sages conseils d'un ami, Hyacinthe témoigna par son silence qu'il était résigné à son nouveau sort..... et prêt à en subir toutes les conséquences..... vivement touché de cette abnégation sans bornes, qui était peut-être un sacrifice de plus pour ce jeune homme qui, dans un âge si tendre, avait déjà épuisé la coupe du malheur, l'abbé le pressa affectueusement dans ses bras et lui témoigna de nouveau le tendre intérêt qu'il lui portait.

Pendant trois jours Hyacinthe versa sur la tombe d'un père tout ce que la piété filiale a de larmes. Dans ces tristes instants, et en face de la mort qui lui portait de si rudes coups, le cœur brisé de douleur du jeune orphelin retrouva, dans le sein de la religion, cette force et cette résignation sans lesquelles l'homme, créature si fragile, ne pourrait jamais supporter les adversités que le ciel lui envoie.

Cependant le moment du départ est arrivé. Hyacinthe va quitter le monastère de Saint-Vannes ; peut-être ne le reverra-t-il jamais..... En contemplant ce vénérable séjour, où il vient de passer une jeunesse si orageuse, une jeunesse si semée d'écueils, il éprouve une émotion difficile à décrire..... Tout ce qui l'entoure lui rappelle de tristes instants, et aussi... de tendres souvenirs..... Parmi ceux-ci, il en est un qui ne s'effacera jamais de sa mémoire..... et pourtant il n'ose prononcer le nom de celle qui fait encore battre son cœur..... mais ce nom, ce nom chéri, il ne l'oubliera jamais..... Toutefois il ignore le sort de cette femme qu'il aima tant.... qu'il aime encore tant..... Mais un bruit vague a appris à Hyacinthe qu'elle existe encore... qu'elle et son noble époux ont quitté la cité des Claviens (1), et qu'à la suite d'une rupture éclatante avec cet époux qui ne pouvait faire son bonheur elle s'était retirée dans un couvent..... Il fallait donc en faire le sacrifice..... plus d'espoir!!! Car, jamais les portes de ces asiles sacrés ne se rouvraient..... Oui, c'était à jamais.... pensée affreuse!!! pensée déchirante! Espérance! ah! tu n'es pas un vain mot!.... Il est si doux d'espérer.... c'est presque le bonheur..... Mais là..... derrière les grilles d'un cloître..... plus d'espoir!!!..... Oui, c'en est fait, elle est morte pour le monde.. celle qui fit naguère le bonheur d'Hyacinthe.

C'est au milieu de ces tristes pensées que l'infortuné jeune homme vient de recevoir les derniers embrassements de l'abbé. Celui-ci lui a remis des lettres de recommandation pour un des puissants du siècle.

(1) Historique.

Monté sur un coursier, et accompagné d'un écuyer, Hyacinthe vient de franchir le seuil de l'abbaye.... Adieu! ô vénérable monastère de Saint-Vannes.... adieu! Peut-être Hyacinthe ne vous reverra-t-il plus. .... Adieu!....

Treizième Journée.

Nò me lacquez sin rason,
Nò me embaines sin honor.

Ne me tire pas sans raison,
Ne me rengaine pas sans honneur.

Pour les peuples, le plus grand des fléaux est un prince conquérant : c'est la bête de l'Apocalypse.....

When a man must die, it is better he should die fighting than running away.

(*Proverbe anglais.*)

Il vaut mieux mourir en combattant qu'en fuyant.

Cependant Louis XI, non moins habile à conjurer les coups de la mauvaise fortune que prompt à saisir les occasions favorables qu'elle lui offre, était enfin parvenu, à force de bassesses et de tromperies, à se tirer des mains de Charles-le-Téméraire. Rien n'avait coûté au monarque français pour sortir du mauvais pas, suite de l'inexplicable entrevue de Péronne, où il était allé ridiculement se livrer, sans défense, à son ennemi le plus cruel. Ainsi on avait vu Louis suivre, comme un humble vassal, au sac de la malheureuse cité de Liége, l'implacable duc de Bourgogne, et, au milieu des horreurs inséparables d'une ville prise d'assaut, à la lueur des tourbillons de flamme qui l'embrasent, au sein des cris déchirants des victimes de tout âge, de tout sexe, de toute condition; on avait vu, dis-je, Louis dévorant sa honte et ses remords au sein d'une orgie dégoûtante (1), applaudir lâchement aux atrocités du vainqueur,

(1) Le roy avoit ja disné, lequel monstroit signe de grande joye de cette prise et louoit fort le grand courage et hardiesse du duc : et entendoit bien qu'il lui seroit

et vanter sans mesure la gloire de cette épouvantable journée!!! Et pourtant, le croirait-on, c'était Louis XI qui avait poussé à la révolte les Liégeois, tout en faisant les plus solennelles démonstrations d'amitié à Charles de Bourgogne.

La liberté du monarque captif devait être le prix de tant d'infamies. Il se hâte de jouir de cette liberté qu'il achetait si chèrement, en donnant de nouvelles preuves de fourberie et de déloyauté..... Tout d'abord, il viole le traité qu'il venait de conclure avec le duc de Bourgogne. Par l'entremise d'un certain Odet d'Aidie, depuis comte de Comminges, et malgré les menées du cardinal de La Balue et de l'évêque de Verdun, Louis sait si bien s'emparer de l'esprit du duc de Berry, à qui il devait donner en apanage la Champagne et la Brie, que

rapporté..... et si le roy (Louis XI) avoit loué fort ses œuvres (de Charles-le-Téméraire) en derrière, encore le loua-t-il mieux en sa présence..... (*Mémoires de Comines*, c. XIII, p. 132.)

celui-ci, en échange, se contente de la Guienne (1).

En vain le duc de Bourgogne jette les hauts cris et réclame contre cette violation manifeste du traité..... Louis, délivré des mains de son ennemi, croit ne devoir plus rien ménager..... et répond à ces justes réclamations par une assemblée des trois états, tenue à Tours en mars et avril 1470. *Là*, Louis *fait remonstrer plusieurs choses et entreprises que ledit duc faisoit contre la couronne* (2). Puis, par une amère ironie, par une absurde dérision, *il fait adjourner le duc, par un huissier, en la ville de Gand* (3). Enfin, par une autre déclaration de la cour des pairs, le duc de Bourgogne est déclaré traître et félon, et la confiscation de tous ses biens est ordonnée (4).

(1) Historique.

(2) *Comines* L. III, c. 1, p. 142.

(3) *Comines*. L. III, c. 1, p. 143.

(4) *Président Hénault*. Année 1470.

Non content de ces burlesques fanfaronades, Louis XI, selon son habitude, procède à de nouvelles barbaries. Guillaume de Haraucourt, comme on sait, subissait déjà à la Bastille une dure captivité, tandis que le cardinal de La Balue en subissait une non moins cruelle au château de Loche. Mais ces vengeances exécutées dans l'ombre sont encore trop peu. Il faut quelque chose de plus atrocement solennel; le fratricide, par exemple. Le monarque français ne recule pas devant ce forfait épouvantable, et bientôt le duc de Guienne meurt empoisonné avec sa maîtresse (1), la dame de Monsoreau. Un moine nommé Jean-Favre Versois, confesseur du prince, offre à cette dame une pêche qu'elle partage avec son amant. Les douleurs les plus aiguës et le trépas sont les suites de cette fatale imprudence. Puis, comme pour faire diversion à ce crime, Louis se voue à des

(1) *Mezeray*, t. VII p. 159; et *le Président Hénault*, année 1472.

pratiques de dévotion, et institue l'*Angelus* (1).

Presque dans le même temps, Guillaume Chartier, évêque de Paris, mourait subitement, non sans soupçon que l'on eût contribué à sa mort (2). *Par le peuple*, disent les mémoires du temps, *fut moult piteusement ploré, lui baisoient les pieds et les mains, et disoient la plupart qu'ils croyoient fermement qu'il fut saint et bien aimé de Dieu* (3). Enfin, pour mettre le comble à tant d'horreurs, le cardinal de Joffridy, qui commandait l'armée du roi au siége de Lectoure, fait massacrer (4) impitoyable-

(1) *Mezeray*, t. VII, p. 161 ; et *Chroniques scandaleuses* du 1er mai 1472.

(2) *Mezeray*, t. VII, p. 161.

(3) Le 15 du mois de mai, de l'an 1472, le roi envoya lettres au prévôt des marchands et échevins, par lesquelles il disoit que ledit évêque lui avoit été mauvais, et qu'il avoit eu des intelligences avec le duc de Bourgogne..... et ordonna être mise sur le corps dudit évêque, une épitaphe contenant les choses susdites. (*Chronique scandaleuse* du 15 mai 1472.)

(4) Toutefois c'était une espèce d'assassinat juridique, le comte, pour fait de rébellion, ayant été condamné à

ment, au mépris d'une capitulation, et d'après les ordres exprès du roi, le comte d'Armagnac..... peu après sa malheureuse épouse est éventrée..... on devine assez qu'elle était enceinte, et nombre de seigneurs du royaume sont outrageusement traînés sur la claie.

Et pourtant, au milieu de toutes ces horreurs, les négociations se continuaient entre le roi et le duc de Bourgogne. On se doute bien qu'elles ne pouvaient aboutir à rien de stable, n'étant de part et d'autre *qu'un tissu de fourberies et de mensonges* (1). A la fin, lassé de tant de perfidie, Charles prend les armes, entre en Picardie, et y met tout à feu et à sang (2). Toutefois, obligé de lever le siége de Beauvais, défendue par une héroïne, Jeanne Hachette (3),

mort par le parlement de Paris, en 1470. (*Président Hénault*; année 1470 et 1472; et *Mézeray*, t. VII, p. 165 et 166.)

(1) *Président Hénault*. Année 1472.

(2) *Président Hénault*. Année 1472.

(3) On voit encore, dans l'hôtel de-ville de Beauvais,

il se jette dans la Normandie, qu'il ravage également; puis, couvert de ces lauriers sanglants, il revient hiverner en Flandre.

A cette époque, ce même duc de Bourgogne venait d'hériter du duché de Gueldres et de Zutphen (1), et, par l'étendue de ses anciens et de ses nouveaux domaines, il prenait rang parmi les souverains les plus puissants de l'Europe. Le titre de roi manquait seul à son ambition. L'empereur Frédéric le lui offre..... mais il y met une condition. Marie, fille unique de Charles, unira sa destinée à celle de l'archiduc Maximilien, et, pour couronner cet hymen, Charles sera proclamé roi de la Gaule-Belgique.

L'ambitieux duc de Bourgogne, séduit par un si bel avenir, s'empresse de souscrire

l'effigie de cette femme tenant une épée à la main; en mémoire de l'événement, il se fait une procession le 10 de juillet, jour où le siége fut levé. Dans cette cérémonie, les femmes marchent les premières. (*Mezeray*, t. VII, p. 163.) De tout cela, il ne reste plus que le nom de l'héroïne.

(1) Année 1473.

à cette union (1). Déjà tous les préparatifs en sont terminés. Trèves a reçu dans ses murs et l'empereur et le duc; une suite nombreuse et brillante les accompagne. Les trônes sont dressés; les ornements royaux étincelants d'or, de perles, de diamants, sont tout prêts. Les prélats sont là. Tout, en un mot, va répondre et à la magnificence des deux princes et à la majesté de cette imposante cérémonie (2).

Mais la profonde politique de Louis XI n'a pu voir, sans frémir, cette auguste alliance. A tout prix il faut qu'il la rompe..... De sa propre main il écrit à l'empereur; habilement il jette de la défiance dans son esprit..... elle entre si facilement dans le cœur des rois! Louis peint le duc de Bourgogne comme un ambitieux..... comme le prince le plus dangereux de l'Europe..... Il

(1) On dit que Charles permit que Marie, sa fille, donnât comme promesse, à son futur, un diamant d'un très grand prix. (*Mezeray*, t. VII, p 166.)

(2) Voyez, pour tous les détails, *dom Calmet*, histoire de Lorraine; vol. II, p. 921 et suivantes.

ne se contentera pas d'être roi, ajoute d'un ton de candeur le monarque français, Charles voudra encore prendre le titre d'empereur..... Qui sait même si, après avoir été son suppliant, après avoir embrassé ses genoux, ce même Charles n'ira pas jusqu'à briguer, un jour, de devenir le compétiteur de l'empereur lui-même?..... Oui, dans sa folle ambition, s'écrie Louis en terminant sa lettre insidieuse, le duc de Bourgogne est capable de tout..... à tout il peut aspirer.....

Il n'en fallait pas tant pour que l'empereur fît de sérieuses réflexions..... D'ailleurs le faste de Charles l'avait déjà choqué..... Oui, c'en est fait, plus de couronne à un ambitieux..... Charles ne peut être roi, Charles ne portera jamais le titre de roi, s'écrie l'empereur, que cette lettre astucieuse venait d'éclairer..... Les chroniques du temps, en effet, rapportent que Frédéric, la veille même du jour où la cérémonie devait avoir lieu, partit secrètement de

Trèves, et sans même avoir d'entrevue avec le duc de Bourgogne, qui fut alors réduit, le dépit et la rage dans le cœur, et en compagnie de la pauvre fiancée, sa fille Marie, non moins déçue, non moins courroucée, à regagner honteusement ses États (1).

Nicolas, duc de Lorraine, venait de terminer sa carrière (2). Son successeur, le duc de Vaudemont (3), se trouvait dans des circonstances fort difficiles; la Lorraine, par sa position géographique, offrant

(1) D'autres historiens prétendent que l'empereur entendait que le mariage s'accomplît tout d'abord; tandis que le duc voulait premièrement être reconnu roi, et signer au contrat en qualité de roi. Cette version est aussi très vraisemblable, et n'infirme en rien les intrigues de Louis XI. (Voyez *Mezeray*, t. VII, p. 167. Voyez aussi *la Chronique manuscrite de Lorraine*, qui cite un discours de l'évêque de Cologne à l'empereur pour le détourner de couronner le duc de Bourgogne. Voyez *Pont. Hunter. in Vita Caroli ducis Burgund.*, et *dom Calmet*, histoire de Lorraine. T. II, p. 925 et 926.)

(2) 24 juillet 1473. *Dom Calmet*, p. 1007.

(3) Il était fils de Ferry II, comte de Vaudemont, et, sous le nom de René II, succéda à son cousin le duc Nicolas.

une riche proie à l'ambition et à la perfidie de Charles, duc de Bourgogne, et à la politique non moins ambitieuse et perfide de Louis XI, roi de France. Aussi, dès que Charles-le-Téméraire a appris la mort du duc Nicolas, il fait enlever le jeune comte de Vaudemont, en attendant que plus tard la Lorraine puisse être envahie. Fort heureusement, Louis XI, piqué sans doute d'avoir été prévenu, feint une grande horreur d'une action si criante, et, par représailles, fait arrêter le neveu de l'empereur..... Force est alors à Charles de relâcher son prisonnier, qui est reconnu duc de Lorraine, sous le nom de René II (1).

Cette issue contrarie trop visiblement le duc de Bourgogne, pour qu'il ne saisisse pas plus tard toutes les occasions de s'approprier par la ruse ou par la force le duché de Lorraine. En effet, bientôt ses troupes, sous un vain prétexte, inondent cette province..... René, qui n'était pas le

(1) 4 août 1473. *Dom Calmet*, p. 1008.

plus fort, est contraint de signer un traité fort désavantageux, qui le débarrasse, pour quelque temps, de ses hôtes incommodes. Mais, pour contre-balancer, en quelque sorte, ce traité extorqué par la violence, René s'empresse de faire avec Louis XI, qui le trompait également, et convoitait aussi ses États, une ligue offensive et défensive dans laquelle entrent l'empereur et plusieurs autres princes, et dont le but devait être la guerre avec le duc de Bourgogne (1). Ce dernier faisait le siége de Nuitz, lorsque René lui envoya outrageusement déclarer la guerre par un valet nommé More, qui lui jeta, selon la coutume de ces temps-là, un gantelet ensanglanté (2)...... On rapporte que Charles-le-Téméraire le ramassa fièrement, et fit donner 12 florins au héros, en disant *qu'on ne pouvait moins*

(1) *Dom Calmet*, t. II, p. 1010, 1011. 1012 et suivants, et *la Chronique manuscrite de Lorraine*.

(2) *Comines*, l. IV, c. II ; et *dom Calmet*, t. II, p. 1014.

pour une si bonne nouvelle, puisqu'elle lui ouvrait les portes de la Lorraine.

Cependant René entre en campagne et obtient d'abord de grands succès.... Thionville est investi; Damvillers et Pierre-Fort (1) ne sont plus que des ruines fumantes..... De son côté, George de la Trémouille, seigneur de Craon, qui commandait les troupes de Louis XI, et semblait agir de concert avec René, se présente devant Verdun, somme la cité de payer une grosse somme d'argent, et exige en outre qu'un des magistrats de céans vienne faire amende honorable, *nu-pieds et la corde au cou*, en réparation de certains griefs dont se plaignait le roi de France (2)..... Les armées combinées de René et du seigneur de

(1) *Comines* dit que cette ville n'est qu'à deux lieues de Nancy et de la duché du Luxembourg. D'après cette désignation peu exacte, *dom Calmet* pense que le lieu en question ne peut être que le château de Pierre-Fort, situé à quatre lieues de Nancy et deux de Pont-à-Mousson.

(2) Voyez *dom Calmet*, t. II, p. 1001 et 1015.

Craon, se portent ensuite vers Metz, dont elles ravagent et rançonnent impitoyablement les environs, sans que les habitants osent sortir hors de leurs murs pour repousser l'ennemi (1)..... De là elles s'avancent vers Hattonchâtel et Conflans-en-Jarnisy, et font lever le siége de cette dernière place, assiégée par les Bourguignons.

Un renfort de 6,000 Allemands vient encore grossir l'armée de René. Mais ce puissant secours est paralysé par l'inaction du seigneur de Craon, qui déclare à ce prince qu'il n'a aucun ordre du roi son maître pour combattre le duc de Bourgogne (1)..... Une guerre défensive est alors la seule ressource de René. Il se voit réduit à battre en retraite devant les forces formidables de Charles-le-Téméraire, qui, à la tête d'une armée de plus de 40,000 hommes, s'avance au cœur de la Lorraine. Dans ces circon-

(1) *Dom Calmet*, t. II, p. 1015; et *Chronique des Célestins de Metz.*

(2) *Dom Calmet*, t. II, p. 1015.

stances critiques, le Bâtard de Vaudemont (1) est nommé gouverneur d'Épinal, et le Bâtard de Calabre gouverneur de Nancy. Quant aux places de moindre importance, il est décidé qu'elles seront évacuées, et que leurs troupes et leurs munitions seront placées dans d'autres forteresses plus capables de faire une vigoureuse résistance.

Cependant l'entrée de Charles-le-Téméraire en Lorraine est signalée par une suite non interrompue de succès, souillés par des actes d'une barbarie révoltante. La ville de Briey est réduite une des premières; par une affreuse représaille, le farouche vainqueur fait pendre quatre-vingts Allemands qui la défendaient. Fléville, Etain, Sancy, tombent également en son pouvoir, ainsi que Pont-à-Mousson, Gondreville, Mirecourt, Ornes, Vézelize et Vaudemont. Charles passe ensuite en per-

(1) Sa tombe en cuivre se voyait dans l'église de la Madeleine de Verdun où il avait fondé des anniversaires, dans lesquels on priait *pro domino Bastardo*

sonne sous les murs de Nancy, d'où on lui tire quelques coups de canon, et, de là, gagne les hauteurs de Saffay, où il se fortifie.

Les montagnes des Vosges et toutes les villes sur le haut de la Moselle tombent également en son pouvoir, ainsi que Bayon et Charmes. Par une affreuse barbarie, digne de ces temps de superstition et d'ignorance, la garnison entière de cette dernière place est pendue à des saules qui bordent la rivière qui arrose les ruines fumantes de la malheureuse ville. Dompaire est également prise, brûlée, et ses habitants traînés en esclavage. Châtel-sur-Moselle et Epinal succombent aussi, cette dernière après un siége de neuf jours et avec les honneurs d'une capitulation. Bruyères est ensuite saccagée, ayant opposé quelque résistance. Grâce à leur impuissance et à leur prompte soumission, Darney, Neufchâteau, Châtenoy, Bulgneville, Remiremont, Arches, Raon, Deneuvre, Lunéville, Einville, Rosières, Gerbeviller et Saint-Nicolas évitent le même sort (1). Enfin le valeureux duc de Bourgogne ayant levé tous les obstacles, rassemble ses forces, et vient mettre le siége devant Nancy, sous les murs duquel il paraît le matin du 25 octobre 1475.

En vain, dans sa détresse, le duc René s'est rendu en toute hâte à la cour de Louis XI, et conjure ce prince de lui donner les secours promis par les traités..... en vain il lui représente que c'est à son instigation qu'il a pris les armes..... en vain l'infortuné invoque la sainteté des serments..... L'astucieux monarque français feint *de ne pouvoir croire que le duc de Bourgogne soit en Lorraine, et il jure la Pasque-Dieu que, s'il le croyait, il irait en personne le combattre* (2). Toutefois, huit cents lances sont enfin accordées aux pressantes sollicitations de René; mais ce se-

(1) *Dom Calmet, Histoire de Lorraine*, t. II, p. 1017 et suivantes.

(2) *Chronique manuscrite de Lorraine.* (Voyez *dom Calmet*, t. III.)

cours lui est tout-à-fait inutile, ou plutôt est onéreux au pays; car Louis XI, avec sa fourberie ordinaire, a, sous main, fait défense expresse à ses gens de combattre les troupes du prince bourguignon, avec lequel il vient de signer une trève secrète à Vervins; trève fatale au connétable comte de Saint-Pol; le duc de Bourgogne, en effet, livre ce dernier au roi, qui le fait décapiter en place de Grève, comme coupable, atteint et convaincu du crime de haute trahison (1).

Cependant Nancy, investi par les troupes de Charles-le-Téméraire, et en proie aux horreurs de la famine, ne peut, malgré la plus belle défense, tenir plus long-temps. René le sait, et envoie secrètement un de ses gens au gouverneur de la ville, avec

(1) *Président Hénault;* année 1475. *Mezeray,* t. VII, p. 178. *Leçon écrite en lettre de sang,* ajoute cet historien, *pour ceux qui voudraient se rendre redoutables à leurs maîtres.* Le connétable fut assisté à la mort par Jean de Sourdron, cordelier.

ordre de rendre la place. Dès le lendemain on capitule (1), et la garnison sort avec les honneurs de la guerre. Quelques jours après (2) le vainqueur y entre triomphant, et se hâte, par des promesses fallacieuses (3) et les pompes de la victoire, d'arracher à ses nouveaux sujets de stériles et hypocrites démonstrations de fidélité (4)..... Mais ce triomphe devait être de courte durée. Cette brillante conquête, pour ainsi dire improvisée, allait être le terme des succès du prince Bourguignon. Tant de prospérité l'aveugle..... ses lauriers l'enivrent..... Il devient lui-même l'instrument de sa perte, du jour où, dans sa démence, il se croit invincible!..... Hélas! n'avons-nous pas vu

(1) Le 25 novembre 1475.

(2) 30 novembre 1475. (Voyez *dom Calmet.*)

(3) Voyez *dom Calmet*, t. II, p. 1024.

(4) En effet, on raconte que la foule cria qu'elle lui serait obéissante, quoique bon nombre de personnes pensassent autrement dans le fond du cœur. (*Chronique manuscrite de Lorraine*, et *dom Calmet*, t. II, p. 1024.)

aussi de nos jours un autre Charles-le-Téméraire (1)!

Sous le prétexte le plus frivole (2) le duc de Bourgogne a déclaré la guerre aux Suisses. En vain les belliqueux habitants de ces contrées pauvres et arides implorent sa clémence.

— *Tout notre or*, lui disent humblement quelques envoyés, *tout notre or ne vaut pas les éperons de vos nobles guerriers. Croyez-nous, prince, ne tirez pas l'épée contre des gens qui ne vous ont point offensé* (3)..... Vaines prières, inutiles remontrances; Charles, partout victorieux et dans l'ivresse de la victoire, se rue comme un furieux, ou plutôt comme un insensé, sur sa nouvelle

(1) Napoléon.

(2) L'invasion que les Suisses avaient faite sur les terres de Jacques de Savoie, comte de Romont, servit de prétexte à Charles pour les attaquer. Quant à la querelle des Suisses et du comte, elle avait pour origine, le croirait-on? une charretée de peaux de moutons que ce dernier leur avait enlevée.

(3) Voyez tous les historiens.

proie; s'empare de vive force de la ville de Granson, et, par une barbarie sans exemple, fait pendre une partie des malheureux habitants, et précipiter le reste dans les eaux d'un lac (1)!!!...

Tant d'atrocités, loin d'intimider les fils de l'Helvétie, réveillent leur courage... Après une suite de revers et de succès balancés de part et d'autre, ces fiers enfants de la montagne parviennent à se saisir d'un château (2) qui renfermait l'artillerie, les munitions et les richesses du duc; ils exterminent ensuite les restes de son armée dans des défilés où elle s'était témérairement engagée, et, par une horrible, mais juste représaille, ces mêmes Suisses font pendre, sous les murs de Granson, qu'ils venaient de reprendre, et avec les harts auxquelles avaient été suspendus leurs malheureux

(1) Historique.

(2) Vau-Marcou. (Voyez *Olivier de la Marche*, l. II, c. VI.)

compatriotes, *un pareil nombre de soldats bourguignons* (1).

A la nouvelle de ces désastres, l'astucieux monarque français s'abandonne sans réserve aux transports d'une joie immodérée (2). Sous le prétexte d'un pèlerinage à Notre-Dame du Puy, il s'était avancé jusqu'à Lyon, afin d'observer de plus près le duc de Bourgogne, dont l'audace et les premiers succès l'inquiétaient fort. De son côté, le duc de Lorraine, qui, par suite de ses malheurs, *jouait alors en France un personnage plus propre à exciter la compassion que le respect* (3), reprend courage, et, grâce aux touchants témoignages d'affection et de fidélité des Lorrains (4), reçoit

(1) Les mémoires du temps portent le nombre des pendus à 512, pour chaque fois. (Voyez *Chronique scandaleuse*. Année 1475, p. 211 et 212.

(2) *Durant ces choses, le roy demoura à Lyon, faisant grant chière.* (*Chronique scandaleuse*. Année 1476, p. 213.)

(3) *Dom Calmet*, t. II, p. 1028.

(4) *Dom Calmet*, t. II, p. 1028.

quelques faibles secours de Louis XI, puis dirige sa petite armée vers l'antique Helvétie, dont les populations entières s'arment aux cris mille fois répétés de vengeance et de liberté. Quant à l'orgueilleux duc de Bourgogne, son étoile a pâli..... son bon génie semble l'avoir abandonné.... on répand même le bruit qu'une sorte de délire (1) a altéré sa raison, ce qui est assez probable, si l'on considère la folle obstination dont sont empreints tous ses actes, depuis cette époque si désastreuse pour lui.

Cependant les bords du lac Morat vont être le tombeau des derniers Bourguignons, dans les vertes vallées de la Suisse. René vient d'y arriver avec ses fidèles Lorrains, et d'opérer sa jonction avec les troupes pleines d'enthousiasme de l'Helvétie. Sourd à tous les conseils de la prudence, Charles, dans un accès de délire furieux, Charles n'ayant qu'une poignée de soldats harassés

(1) Historique. *Comines*, l. V, c. III.

et manquant de tout, engage le combat contre des forces décuples..... Le choc est terrible..... mais l'issue n'en peut être douteuse..... Déjà épuisée par des privations sans cesse renouvelées, l'armée du duc de Bourgogne ne peut soutenir l'ardeur bouillante et surtout l'extrême exaltation de gens qu'il a poussés à toute extrémité..... Dans cette journée à jamais mémorable, quinze mille Bourguignons mordent la poussière (1)..... et de leurs ossements, les Suisses vainqueurs élèvent, pour l'instruction de la postérité, pour celle et des peuples et des rois, un épouvantable monument!!! Quant à Charles, si cruellement trompé par la fortune, il s'échappe, comme par miracle, et seulement avec onze des siens, du théâtre de cette horrible boucherie.

(1) Cette bataille eut lieu le 22 juin 1476. (Voyez *dom Calmet*, p. 1033 et suivantes. Voyez aussi *la Chronique manuscrite de Lorraine*, *la Chronique scandaleuse*, et tous les historiens.)

Habile à profiter de ces revers sans exemple, accoutumé à se ranger du côté du plus fort, le monarque français donne encore quelques faibles secours à René, qui reprend Nancy et presque toutes les villes de la Lorraine..... Mais, ces succès n'étaient qu'éphémères!..... Le duc de Lorraine s'aperçoit bientôt qu'il ne pourra, sans de nouveaux renforts, tenir tête à son infatigable adversaire..... et c'est encore à ces mêmes Suisses, témoins de sa valeur, qu'il ira demander des secours.

Et, en effet, l'audacieux duc de Bourgogne, malgré les désastres qu'il vient d'essuyer, est loin de s'humilier devant ses ennemis victorieux. Rassemblant à la hâte ce qui lui reste de troupes dans ses vastes États, il se met derechef en campagne, entre en Lorraine, et vient mettre, une seconde fois, le siége devant Nancy (1). — *Je ne sortirai point d'ici*, s'écrie-t-il, dans son fol orgueil, *que pour dé-*

(1) 25 octobre 1476.

vaster la Lorraine et tomber sur la France (1).

Toutefois René a laissé une nombreuse garnison dans sa bonne ville de Nancy. — *Tenez ferme*, avait-il dit aux habitants; *dans deux mois je viendrai vous secourir* (2). Et les braves Nancéins de tenir ferme, tandis que René a couru demander des renforts à ses alliés, les valeureux Helvétiens.

Cependant des attaques réitérées, la disette et d'horribles représailles ensanglantent les fastes de ce siége mémorable. Mais rien ne peut ébranler l'admirable constance des fidèles Nancéins. Pour soutenir leur courage héroïque, René vient d'ordonner à Chiffron, un de ses officiers, de se jeter dans la ville assiégée, et d'y donner avis qu'au premier jour il sera, avec les Suisses, sous les murs de Nancy. Par une inconcevable fatalité, le malheureux Chiffron

(1) *Chronique manuscrite de Lorraine.*

(2) *Chronique manuscrite de Lorraine.*

tombe entre les mains du barbare duc de Bourgogne, qui, sans autre forme de procès, le condamne à être pendu!..... En vain les principaux officiers du prince implorent, à genoux, la grâce de l'infortuné prisonnier...... en vain le comte de Campo-Basso représente *que Chiffron a agi comme un fidèle serviteur*..... Charles, de plus en plus furieux d'entendre des paroles de clémence, d'un coup de revers de son gantelet, impose silence à Campo-Basso, et s'écrie en blasphémant, *qu'il en ferait autant au maître* (le duc de Lorraine) *s'il le tenait!*..... Puis, se retournant vers le prévôt, il lui ordonne de pendre, à l'instant même, au premier arbre venu, et à la lueur des flambeaux, le malheureux Chiffron (1).

Le sang demande du sang... Une juste et terrible représaille était de droit... Le lendemain, de grand matin, on découvre, du camp du duc, un pauvre soldat bourguignon revêtu

(1) Voyez *dom Calmet*, *Comines* et *la Chronique manuscrite de Lorraine*.

d'une longue robe noire, et accroché à une poutre s'avançant en dehors des créneaux d'une haute tour des murs de Nancy.....

De plus, et, par ordre exprès de René, il est enjoint à toutes les garnisons de troupes Lorraines de pendre, jusqu'au dernier, tout Bourguignon fait prisonnier (1)..... Pas n'est besoin de le dire, et les mémoires du temps en font foi, ces ordres barbares furent ponctuellement exécutés (2)!!!!...

Cependant le duc de Lorraine, René, que sa courageuse persévérance doit faire mettre au nombre de ces princes qui ont su défendre et conquérir une couronne, René entouré de sa fidèle noblesse et de ses fidèles alliés, les valeureux enfants de l'Helvétie, René a paru tout-à-coup sous les murs de Nancy (3). Charles, étonné de cette apparition subite, et à laquelle il était loin de s'attendre, Charles, qui jus-

(1) *Dom Calmet*, t. II, p. 1058.

(2) *Dom Calmet*, t. II, p. 1059

(3) Le 4 janvier 1477.

que là avait affecté de mépriser René que, dans son dédain, il appelait *un enfant* (1), Charles se trouble..... et, pour la première fois peut-être, *assemble son conseil* (2)..... Un despote, en effet, connut-il jamais d'autre conseil que *le bon plaisir?*..... Quoi qu'il en soit, Charles interroge humblement ses guerriers..... Tous ou presque tous sont d'avis qu'il est de la prudence, devant des forces si supérieures, de lever le siége..... Mais Campo-Basso, un de ses premiers capitaines, Campo-Basso qui le trahit sourdement depuis certain affront (3) qu'il a essuyé en voulant prendre la défense de Chiffron, Campo-Basso qui a pu dissimuler une telle offense, mais qui ne pourra jamais la pardonner, et, en conséquence, a tout

(1) Historique.

(2) *Le duc de Bourgongne, adverty de cette venuë, tint quelque peu son conseil, car il ne l'avoit point fort accoustumé, mais usoit communément de son propre sens.* (*Comines*, l. V, c. VIII.)

(3) Le coup de gantelet dont il vient d'être parlé plus haut.

machiné d'avance pour la perte du duc de Bourgogne, Campo-Basso opine fortement pour tenir bon et livrer bataille à l'ennemi.... Charles, que son mauvais génie semble poursuivre, embrasse ce parti extrême qui devait le perdre infailliblement.....

Quelques jours auparavant, le duc de Bourgogne avait reçu dans sa tente, et avec une espèce de mystère, un jeune guerrier avec lequel il avait eu un assez long entretien. A l'empressement que le prince avait témoigné à cet inconnu, dont les manières et tout l'extérieur étaient fort distingués, à l'accueil qu'il lui avait fait, on dut croire que ce jeune homme était de haut parage..... ou qu'il apportait quelques nouvelles favorables et d'une grande importance.....Quoi qu'il en soit, Charles le plaça en qualité de page près de sa personne, ce qui était alors une insigne faveur. Mais quel était le nom de ce jeune inconnu?..... à quelle famille appartenait-il?..... quel avait été positivement l'objet de sa mission auprès du duc?..... c'est ce qu'on ignorait

Toutefois le lendemain, dès l'aube du jour, Charles, qui médite depuis longtemps une attaque décisive, et qui veut que le jeune page se familiarise tout d'abord avec les rudes travaux de Bellone, va visiter avec lui le camp et les apprêts du siége. Là, ce sont des soldoyers en guenilles et tout couverts d'ulcères, de pustules, de vermines, qui font *bouillir la marmite*, où nagent pêle-mêle, dans une eau boueuse et fétide, des quartiers de chevaux, des cadavres de dogues et des débris d'animaux plus repoussants encore. Cette cuisine improvisée se fait sur une neige épaisse de plusieurs pieds, et à l'aide d'un feu qu'alimentent les arbres coupés dans les jardins voisins, et les solives des habitations démantelées des malheureux paysans..... Ici, d'autres soldoyers, coupables de quelques fautes légères contre la discipline militaire, *sont occupés* à recevoir une douloureuse bastonnade..... Un peu plus loin, un vieux prêtre, en soutane, dit la messe sur un tertre de glace (1). Deux ou trois enfants de troupe le servent en grimaçant; quelques lansquenets blessés, à la figure hâve et livide, et appuyés sur de longues hallebardes, regardent en silence..... Dans un coin du camp, un espion vient d'être appréhendé par le prévôt, et, sans autre forme de procès, accroché à un arbre..... tandis qu'un autre espion, d'un rang sans doute un peu plus relevé, râle sous le plomb qui vient de lui traverser la poitrine..... et qu'un troisième, destiné au même sort, achève, en attendant son tour, de faire sa dernière *histoire* à un pauvre capucin à barbe grise..... Dans un autre coin du camp quelques ribaudes (2) s'ébattent avec de jeunes écuyers..... La joie bruyante de cette sale

(1) Il ne faut pas perdre de vue que ce siége de Nancy eut lieu au cœur d'un rigoureux hiver.

(2) Filles de joie. A cette époque, elles faisaient partie des bagages d'une armée.

orgie vient se mêler aux gémissements de quelques malheureux blessés, que le maître mire (1) vient d'amputer, et qui rendent le dernier soupir..... De temps en temps l'aigre cri d'une sale et laide vivandière se fait entendre..... C'est pour vendre, au poids de l'or, ce dont des chiens affamés ne voudraient pas ailleurs..... Car la famine (2) et la peste, sa compagne inséparable; la famine et la peste, ces deux sœurs de la guerre, sont ici en permanence et se montrent dans toute leur hideur..... Des juifs enfin, et où n'en rencontre-t-on pas? des juifs, véritables vautours de l'espèce humaine, sont encore là pour sucer le peu qui reste aux pauvres soldoyers, leur marchander de misérables haillons, et, pour les en dépouiller, attendre à peine qu'ils aient exhalé le dernier soupir (3).....

(1) C'était le nom de ceux qui exerçaient l'art de guérir.

(2) *Dom Calmet*, t. II, p. 1059.

(3) Heureux quand ces vampires ne hâtaient pas encore l'instant fatal !

Pour faire fête complète au nouvel arrivant, et pour qu'il reçoive le plus tôt possible le baptême de sang, Charles le mène encore à la tranchée..... Là, murailles, remparts, escarpe, contrescarpe, glacis, parapets, tout est miné et contre-miné (1)..... Là, le trépas, le trépas le plus glorieux, le trépas le plus digne d'envie, est sans cesse sur la brèche. Enfin, pour animer ce *beau* tableau, pour lui donner en quelque sorte la vie, le mouvement, *la parole*, le canon (2) hurle de ses mille gueules, brise, renverse, pulvérise tout ce qui est devant lui..... et la bombe (3), un peu moins bruyante, mais

(1) Le procédé de charger *les mines d'explosion avec de la poudre*, a été essayé par les Génois en 1487, au siége de Sarazanella. Ainsi on a pu supposer qu'il avait été employé, dix ans auparavant, au siége de Nancy. (*Mémorial portatif*, Paris, 1822, 1re partie, p. 222.)

(2) L'usage des *canons* remonte au moins à l'an 1343. Toutefois ces machines ne lançaient alors que de grosses pierres. (*Mémorial portatif*. Paris 1822, 1re partie, p. 120.)

(3) Suivant quelques historiens, *des bombes* furent lancées, en 1495, contre une forteresse du royaume de Naples : les voûtes d'une église s'écroulèrent par la chute de

non moins traîtresse, vient, par intervalle, éclater au milieu de tout ce chaos, dont ceux qui n'en n'ont pas été les témoins se font difficilement une idée.....

Pour le début du beau page, ce n'était pas trop mal commencer. Mais il faut convenir aussi que son seigneur et maître était un rude jouteur, et que, s'il en recevait, il en donnait aussi, de grands coups d'épée.... car vraiment c'était merveille de le voir à la besoigne un jour de combat, de le voir pourfendre, tailler, culbuter à qui mieux mieux quiconque lui barrait le passage.

C'est au milieu du plus rigoureux hiver (1), à travers des tourbillons de neige, sur un étang glacé, sous les murs d'une ville assiégée et en proie à toutes les horreurs d'un long siége, que va se donner enfin cette bataille à jamais mémorable qui

ces projectiles. Nous avons cru pouvoir anticiper de quelques années. (*Memorial portatif.* Paris, 1822, 1re partie, p. 121.)

(1) 5 janvier 1477.

doit décider du sort de deux États. L'issue n'en peut être douteuse..... Les troupes de Charles sont découragées, épuisées de fatigues..... la trahison va les décimer encore..... Celles de René, au contraire, sont nombreuses, bien équipées..... et ses fidèles Lorrains combattent *pro aris et focis.*

Un fanal allumé sur les tours de Saint-Nicolas (1) est le signal dont René est convenu avec les Nancéins. Ils doivent, à la lueur de ce phare libérateur, venir incendier le camp des Bourguignons..... Point ils n'y manquent, et une partie des tentes ennemies est la proie des flammes (2).

Tout semble en même temps conspirer pour annoncer à Charles qu'il n'a plus désormais que des revers à attendre..... Tandis qu'il range son armée en bataille, entre la Madeleine et Jarville, le comte de Campo-Basso (3), suivi de cent quarante de

(1) Petite ville à 2 lieues au midi de Nancy.

(2) Historique. (Voyez *dom Calmet.*)

(3) *Dom Calmet*, p. 1063; voyez aussi *la Chronique scan*

ses gens, passe du côté de René..... Le sire d'Auge et le seigneur de Montfort suivent cet exemple..... que, de nos jours, d'autres Campo-Basso n'imitèrent que trop bien.

Cependant l'armée du duc de Lorraine s'avance en bon ordre. René, paré de ses couleurs, à savoir le blanc, le rouge et le gris, monte un superbe coursier, nommé *la Dame*, celui-là même sur lequel il avait combattu si vaillamment à Morat (1). Les doubles croix blanches de Lorraine étincellent sur sa personne..... La glorieuse bannière ducale, où se voit *un bras armé d'or sortant d'une nuée et tenant une épée*, avec la devise : *Une pour toutes*, est portée devant lui par le sire de dom Julien (2). Sa valeureuse noblesse, décidée à vaincre ou à mourir, l'entoure de toute part..... En vain quelques chevaliers *plus prudents* vou-

daleuse, p 310 et 311, ainsi que *la Chronique manuscrite de Lorraine.*

(1) Historique ; voyez *Chronique manuscrite de Lorraine.*

(2) *Dom Calmet*, p. 1067.

draient que René s'exposât moins : — *J'étais disposé*, répond le jeune héros lorrain en les repoussant doucement, *j'étais bien disposé à suivre tous vos bons conseils, mais je ne m'attendais pas à celui-là* (1). Et le jeune duc de piquer des deux et d'aller de l'avant.

Cependant Vautrin de Wisse (2), un des lieutenants de René, vient de donner le signal de charger les Bourguignons..... Alors, sur un tertre élevé, paraît soudain un ministre de l'Éternel (3)..... L'hostie sainte brille dans ses mains vénérables!!!..... A son aspect, l'armée se prosterne..... chacun se signe dévotement..... Un profond silence plane sur cette pieuse et valeureuse milice..... Le prêtre a prononcé des paroles

(1) Historique. Ils vinrent se mettre à l'entour du duc René, lui disant : *Monseigneur, ne vous travaillez, laissez-nous faire*..... Le duc leur remercia, disant : *Je suis tout délibéré*. (*Chronique manuscrite de Lorraine*, t. III, p. 107. *Dom Calmet*.)

(2) Famille de l'ancienne chevalerie de Lorraine.

(3) Historique. (Voyez *dom Calmet*, t. II, p. 1068, et *la Chronique manuscrite de Lorraine*.)

redoutables!!!..... C'en est fait, à sa voix, la confiance est descendue dans tous les cœurs..... Comme un seul homme, l'armée électrisée se relève pleine d'enthousiasme et de courage, et vole au combat aux cris mille et mille fois répétés de *vive Lorraine! vive notre bon duc René!*

Le choc est terrible..... les éléments déchaînés semblent vouloir se mettre aussi de la partie..... Des tourbillons de neige enveloppent les deux armées (1)..... O prodige!!! tout-à-coup l'azur des cieux a reparu (2)..... Au cri de *vive Bourgogne!* un instant les bataillons lorrains hésitent..... Mais les fils de l'Helvétie ont fait retentir les échos de leurs trompes guerrières..... et du fracas homicide de leur artillerie..... A ce tonnerre épouvantable, les coursiers des

(1) Une nuée du ciel vient, commença à negier naiges aussy aussi grosses comme noix..... (*Chronique manuscrite de Lorraine*; dans *dom Calmet*, t. III, p. cvij.)

(2) Historique. (*Chronique manuscrite de Lorraine*, t. III, p. cvij.)

Bourguignons se cabrent, et leurs escadrons rompus fuient en désordre (1).....

Sur tous les points, la victoire de René, quelques instants disputée, n'est plus maintenant douteuse..... Le carnage est horrible..... une fuite honteuse ou la mort..... Oui, c'est la mort, mille et mille fois la mort, que préfèrera le duc de Bourgogne.... En vain, le lion d'argent qui surmonte le cimier de son casque a volé dans la poussière (2)..... en vain une voix intérieure lui répète ce sinistre présage, et lui crie : *Charles, ton règne est fini!!!* en vain le spectre des derniers moments lui est apparu..... Charles-le-Téméraire est insensible à tout..... presque seul, il se jette en désespéré au plus fort de la mêlée..... fait des prodiges de valeur..... et..... disparaît!!!

A ce moment suprême, la déroute des Bourguignons est à son comble.....

(1) Historique. (*Chronique manuscrite de Lorraine*, t. III, p. cviij.)

(2) Historique.

Point de quartier!!! tel est le cri du vainqueur..... Le fer moissonne tout..... le fer nage dans le sang..... c'est un délire..... c'est un enivrement..... c'est une rage..... ce sont des hurlements..... des imprécations..... des blasphèmes..... c'est, en un mot, c'est le chaos de la victoire, ou plutôt c'est une bacchante toute fumante encore des orgies de son dieu, et précipitant ses pas désordonnés au milieu des populations consternées et muettes d'effroi et de terreur.....

Cependant le cri mille et mille fois répété de *victoire!* a retenti..... et, de toutes parts, se répand la mort du duc de Bourgogne..... René seul se refuse de croire à cette heureuse nouvelle.

— *Non*, s'écrie-t-il, *non*, *Charles est réchappé, tant qu'il vivra je ne serai en paix..... il reviendra, et me fera la guerre pire que jamais* (1).

Et le même soir, René, accompagné de

(1) *Chronique manuscrite de Lorraine. Dom Calmet*, t. III, p. CIX.

sa fidèle et valeureuse noblesse, de ses gardes, de ses alliés, à la clarté de mille flambeaux, au milieu des cris de joie d'une population ivre de revoir un souverain bien-aimé; René, dis-je, faisait son entrée triomphale dans sa bonne ville de Nancy.

Ainsi venait de se briser, contre un jeune prince presque réduit aux abois, mais qui, dans son infortune, avait mis toute sa confiance dans l'amour de son peuple, un colosse redouté de toute l'Europe..... Grand enseignement et pour les peuples et pour les rois.....

Quatorzième Journée.

Après la trahison et le parjure..... la profanation, le blasphème et le sacrilége.

Cependant le cardinal Julien, neveu du pape Sixte IV, était, depuis quelque temps, avec le titre de légat, à la cour de Louis XI (1). Sa mission avait un but caché. Des instructions secrètes lui avaient été données de recourir près du monarque français aux sollicitations les plus pressantes,

(1) En 1480. (*Wassebourg*, l. VII, fol. DXXVII.)

afin d'obtenir, à tout prix, l'élargissement du cardinal de La Balue, et de Guillaume de Haraucourt, évêque de Verdun, retenus prisonniers tous les deux, l'un au château de Loches, et l'autre à la Bastille. Mais Louis XI, dont la santé dépérissait de jour en jour, semblait redoubler de rigueur (1) à mesure qu'il s'inclinait vers la tombe; et, dans ces moments critiques où il ne tenait plus à la terre pour ainsi dire que par un fil, sa plus grande crainte était qu'on ne le crût mort (2). Aussi, afin d'ôter cette idée à tous ceux qui l'entouraient, recourait-il à toutes sortes de moyens pour que l'on parlât partout de lui. Sa mise, qui jusque là avait été plus que modeste, était alors somptueuse (3)..... Des émissaires qu'il entretenait à grands frais dans les principales villes de l'Europe, avaient ordre de lui acheter tout ce qu'il y avait de plus beau, de

(1) *Comines.*
(2) Historique.
(3) *Comines.*

plus recherché en chevaux, en chiens, en animaux rares et singuliers (1)..... Non content de cela, il lui fallait encore des reliques..... des ermites..... *un saint homme.....* Le roi appelait ainsi un certain frère Robert qu'il avait envoyé querir jusque dans le fond de la Calabre (2).

Toutefois il est vraisemblable que cette manie dévotieuse qui, par intervalles, dominait l'esprit du roi, n'était pas sans influence sur certaines déterminations qu'il prenait. Il venait de relever, comme par miracle, d'une maladie qui avait duré quinze jours environ, pendant lesquels il était demeuré dans un état presque complet d'anéantissement (3). Dans la joie qu'il éprouva de se voir hors de danger (il le croyait du moins), il s'était rendu enfin aux pressantes sollicitations du légat du pape, et, après une captivité de quatorze ans,

(1) *Comines*, l. VI, c. VIII, p. 411.
(2) *Comines*, l. VI, c. VIII, p. 409.
(3) Historique.

avait mis en liberté le cardinal de La Balue ; et toujours alliant le saint et le profane, la politique et la religion, le monarque français s'était fait absoudre de ce sévère châtiment, de cette longue captivité infligée à un prince de l'Église, par un bref exprès de Sa Sainteté (1). On ajoute encore que dans cette circonstance le légat madré, comme le sont tous les Italiens, avait, avec une merveilleuse adresse, saisi le bon moment (2) auprès du roi, pour lui demander la grâce du prisonnier, qui, de son côté, avait feint une maladie fort dangereuse..... de sorte que Louis XI, espérant sans doute que le pauvre cardinal n'avait plus guère à jouir de la liberté qu'il lui rendait, avait enfin obtempéré aux pressantes demandes du légat, mais à la condition expresse que La Balue *vuiderait* le royaume..... ce qu'il s'empressa de faire, on le pense bien, et ce, dans le plus bref délai, et en compagnie du

(1) *Comines.*

(2) *Mézeray*, t. VII, p. 200.

légat, avec lequel il se rendit à Rome, où, le croirait-on? il fut reçu à bras ouverts!!!..... Il fut comblé d'honneurs!!! quoiqu'il n'eût obtenu sa liberté que sous la condition expresse que le pape se chargerait de faire juger et *punir* le perfide ex-ministre du roi de France (1)..... D'où on peut conclure que si alors il n'y avait pas encore de..... il y avait au moins déjà un peu de l'esprit d'Escobar..... Mais passons.

Toutefois, à cette époque, le roi n'avait voulu se relâcher en rien de ses rigueurs à l'égard de Guillaume de Haraucourt, dont il redoutait, par dessus tout, les intrigues, l'esprit artificieux et remuant (2). Ce ne fut

(1) Par ses intrigues, le cardinal réussit à se faire nommer légat en France, en 1484; et le croirait-on? il eut l'impudence de s'y montrer revêtu de cette nouvelle qualité. Toutefois le parlement lui fit signifier un arrêt qui lui défendait l'entrée de la capitale (*Biographie universelle*, t. III, p. 296.)

(2) Et peut-être aussi à cause de l'attachement des bourgeois de Verdun aux intérêts du duc de Bourgogne. (*Roussel*, p. 402.) *Dom Calmet* énonce un autre motif; il

que plus de deux ans après que le monarque français, vaincu par les pressantes instances de la famille du prélat, consentit à grand'peine à briser les chaînes de ce dernier, mais aux conditions expresses « qu'il n'entreprendrait rien, ni par lui ni » par d'autres, contre la vie du roi et du » dauphin son fils; qu'il ne lui ferait pas la » guerre, ni ne la lui ferait faire en vengeance » de sa prison : qu'il ne se trouverait jamais » aux pays du roi d'Angleterre, ni des ducs » de Lorraine et de Bretagne, ni de Maximilien d'Autriche, ni dans les terres de » l'évêché de Verdun, ni dans le royaume » de France, sans l'exprès consentement de » Sa Majesté; enfin, que dans quatre jours » après son élargissement il sortirait du » royaume et se retirerait à Rome; enfin, » qu'il permuterait son évêché de Verdun » avec Jean de Nicolinis, évêque de

suppose que Louis XI craignait que Guillaume fît changer le testament du vieux roi René. (*Dom Calmet*, t. II, p. 1002.)

» Vintimille, dans le pays de Gênes (1). »

André de Haraucourt, seigneur de Loupy, Pierre de Haraucourt, seigneur de Chanory, et Gobert d'Apremont, seigneur de Buzancy, frères et neveu du prélat captif, connaissant de reste ses intentions, auraient bien désiré obtenir que Guillaume conservât au moins l'évêché de Verdun, offrant, en retour, de se soumettre à tout ce que le roi exigerait (2)..... Vain espoir..... prières superflues..... Il fallut se soumettre..... subir les lois du plus fort..... L'ennui mortel (3) d'une captivité si longue, si dure, obligea Guillaume d'*acquiescer* à toutes les conditions qui lui furent imposées (4)..... Il

(1) *Dom Calmet*, t. II, p. 1002. (Voyez aussi *Roussel* et *Wassebourg*.)

(2) *Roussel*, p. 403.

(3) Il paraît toutefois que le prélat sut utiliser son temps, car Wassebourg nous apprend que Guillaume, pendant les quinze ans qu'il resta en prison, s'appliqua à l'étude du droit canon, et s'y rendit fort habile. (Voyez *Wassebourg*, l. VII, p. dxij.)

(4) *Roussel*, p. 403.

promit *avec serment* de les exécuter de point en point.... et d'aller résider à Vintimille aussitôt qu'il serait sorti de prison (1), *bien résolu toutefois de n'en rien faire, et de retourner à Verdun dès que le roi serait décédé* (2).

Et pourtant Guillaume de Haraucourt fit ce serment dans la Bastille, il le fit ensuite dans la sainte chapelle du palais, en tenant le saint ciboire, en touchant plusieurs reliques (3), en présence de Jean, évêque de Lombès, en présence du procureur-général du roi, qui voulut encore avoir les parents du prélat pour garants de sa promesse (4). De plus, la permutation en question sollicitée par le légat du Saint-

(1) *Roussel*, p. 403.

(2) *Dom Calmet*, t. II, p. 1002. Ce passage nous paraît fort, en ce qu'il préjuge d'avance la mauvaise foi de Guillaume, dans une occasion si solennelle.

(3) *Et tangendo pretiosum corpus Christi..... tactis etiam successivè sacris et pretiosis reliquiis.....* (*Roussel*, preuves, p. 42.)

(4) *Roussel*, p. 403, et preuves, p. 40, 41 et 42.

Siége, agréée par Guillaume, fut autorisée et validée par une bulle du pape (1). Si bien que, par suite de cette transaction, transaction solennelle s'il en fut jamais, Jean de Nicolinis, après avoir chargé de sa procuration Gabriel Nicolas, prêtre du diocèse de Clermont en Auvergne, pour prendre possession en son nom, ce qui eut lieu le 23 janvier 1483, fit, en personne, son entrée à Verdun, le 16 de mars de la même année, et constitua pour son vicaire, au spirituel et au temporel, le même Gabriel Nicolas (2). Toutefois, les magistrats de Verdun ne reçurent le nouveau prélat à prêter les serments accoutumés qu'après les protestations ordinaires, les promesses de faire ses reprises de l'empereur (3), et sans préjudice des droits de Guillaume de Harau-

(1) *Dom Calmet*, p. 1002 et 1003, et *Roussel*, p. 403.

(2) *Dom Calmet*, p. 1003, et *Roussel*, p. 403. (Voyez aussi pour la lettre de Louis XI, dont était muni le nouveau prélat, *Roussel*, preuves, p. 43.)

(3) Le droit de régale.

court (1). En effet, ce dernier, nonobstant tout ce qui s'était passé, nonobstant la sainteté des serments les plus sacrés, les plus solennels, protestait de violence, arguait de nullité, et, en conséquence, continuait toujours de prendre le titre d'évêque de Verdun (2). Enfin, pour compliquer encore cette affaire, le chapitre de la cathédrale de Verdun reçut une lettre de l'empereur Frédéric (3), par laquelle ce prince ordonnait de rejeter l'intrus (Jean de Nicolinis) imposé par le roi de France, et de donner secours à Guillaume de Haraucourt, le pasteur légitime..... sans avoir égard à sa démission et aux autres actes forcés qu'il pouvait avoir faits, pendant sa captivité, pour recouvrer sa liberté (4).

(1) *Dom Calmet*, p. 1003, et *Roussel*, p. 403.

(2) *Dom Calmet*, p. 1003, et *Roussel*, p. 403.

(3) Datée de Vienne, le 25 janvier 1483.

(4) *Roussel*, p. 403, et *Dom Calmet*, p. 1002 et 1003. Nous ferons observer que, dans ce dernier, la lettre de l'empereur est datée du 20 février 1485 : cette dernière date est évidemment fausse.

Un véritable schisme, un schisme dans toute la force du mot, fut, on le pense bien, la suite d'un tel état de choses (1). Les uns tenaient pour Guillaume qu'ils reconnaissaient toujours pour évêque, malgré sa démission et ses serments solennels d'aller occuper le siége de Vintimille, et considéraient comme un intrus Jean de Nicolinis, bien qu'il fût venu prendre possession du siége de Verdun les bulles du pape à la main..... Les autres, au contraire, et le chapitre semblait être de ce nombre, reconnaissaient ce dernier pour légitime évêque, bien que Guillaume eût été évidemment forcé dans tout ce qu'il avait fait..... Il faut en convenir, le cas était assez embarrassant..... assez épineux..... pour troubler plus d'une conscience..... On prétend même que plus d'une femme, en voulant

(1) *Roussel*, p. 404, et *dom Calmet*, p. 1004. *Il y avait un véritable schisme dans l'église de Verdun*, dit ce dernier auteur, *les uns soutenant Nicolinis*, *et les autres appuyant Guillaume de Haraucourt.*

gravement discuter les droits de l'un et de l'autre, y perdit..... non pas son latin (à cette époque femmes n'apprenaient pas le latin), mais le peu de bon sens qui lui restait..... Aussi se disait-on, de part et d'autre, force sottises..... force injures..... mais de bonnes raisons..... point.....

La mort de Louis XI (1) vint encore compliquer la question..... Jusque là, on ne s'était battu que de la plume et de la langue..... Mais, à la nouvelle de la mort du monarque français, les choses prirent une tournure plus grave. Guillaume, qui se trouvait alors en Italie avec le duc René (2), se hâta de repasser les monts, et d'adresser de vives et de pressantes réclamations au fils et au successeur de Louis XI, le roi Charles VIII; celui-ci, le croirait-on? prenant tout-à-fait le contre-pied de la politique de son royal père, écrivit à ceux de Verdun de reconnaître Guillaume de Haraucourt

(1) Arrivée le 30 août 1483.

(2) *Dom Calmet*, p. 1003; et *Wassebourg*, fol. dxxviij.

pour leur évêque, et de lui remettre le gouvernement du spirituel et du temporel de ce siége (1).

D'un autre côté, le pape écrivait à Charles VIII, mais dans un autre sens. Voici à quelle occasion.

Non content d'avoir interjeté appel au Saint-Père (2), Guillaume de Haraucourt et sa famille, qui étaient très puissants en Lorraine, avaient repris de vive force une partie des places dépendantes de l'évêché, et sollicité, ou plutôt sommé le chapitre de Verdun de se déclarer en leur faveur (3). Comme messieurs les chanoines aimaient moins le prélat détrôné qu'ils ne le craignaient (4), ils s'en excusèrent honnêtement, ou, en d'autres termes, ménageant la chèvre et le chou, demandèrent du temps pour prendre avis..... A un homme de la

(1) *Dom Calmet*, p. 1003.
(2) *Dom Calmet*, p. 1003.
(3) *Dom Calmet*, p. 1003 et 1004.
(4) *Dom Calmet*, p. 1004.

trempe de Guillaume, des lenteurs étudiées devaient naturellement déplaire (1)..... Son frère, André de Haraucourt, résolut de tirer vengeance de ce procédé. Montant à cheval, il rançonna, en vrai et féodal chevalier, les terres du chapitre (2)..... et les pauvres chanoines de se racheter, à prix d'argent, de ce noble brigandage (3)..... et André de leur courir sus de plus belle, quand l'argent ne venait pas..... Si bien qu'un jour, où sans doute messieurs les chanoines étaient las de vider l'escarcelle (on se lasserait à moins), ledit seigneur André entra comme un furieux au chapitre, jurant, maugréant, blasphémant, menaçant de mettre à mort tous les chanoines qu'il rencontrerait..... On raconte que, ce

(1) *Dom Calmet*, p. 1004.

(2) *Il fit de grands dégâts dans les terres de l'église.* (*Roussel*, p. 404.)

(3) Pour se mettre à couvert de ces vexations, les chanoines étaient obligés, *de temps en temps,* de donner à André de l'argent et de lui faire des présents; mais bientôt après il recommençait. (*Dom Calmet*, t. II, p. 1004.)

jour même, cet André de Haraucourt, bien digne de ces temps de barbarie, de superstition et d'ignorance, trépassa, sur le soir, en criant et en hurlant comme un furieux..... un enragé (1)..... Hélas! le pauvre malheureux mourut, n'en doutons pas, possédé du démon..... de l'argent.

Ces nobles violences, ces violences si coupables devaient nécessairement déplaire au pape..... Aussi Sixte IV s'empressa-t-il d'écrire, ainsi que nous venons de le dire plus haut, au roi Charles VIII en faveur du chapitre de Verdun. Ce bref est daté du 5 février 1484 (2).

D'où il appert que le monarque français qui, aussitôt après son avénement, avait pris le parti de Guillaume de Haraucourt, était sollicité, quelque temps après, par le pape, dans un sens tout contraire.

Un tel état de choses ne pouvait durer,

(1) *Wassebourg*, fol. DXXX. (Voyez aussi *dom Calmet*, p. 1004, et Roussel, p. 404.)

(2) *Roussel*. p. 404. (Voyez aussi les preuves, p. 44.)

ou plutôt devait forcément se terminer par une seconde transaction..... par laquelle le moins entêté cèderait..... Jean de Nicolinis prit ce sage parti..... non toutefois sans déplaire vraisemblablement au pape, car agir ainsi, c'est-à-dire rouvrir la porte à Guillaume de Haraucourt, c'était indirectement, je me trompe, c'était ostensiblement donner tort au Saint-Père, qui avait prêté les mains à la déchéance dudit Guillaume, du siége épiscopal de Verdun..... Quoi qu'il en soit, Jean de Nicolinis considérant qu'il n'avait pour lui que les armes spirituelles et les censures ecclésiastiques..... *qu'il avait affaire à des gens qui s'en mettaient peu en peine* (1)..... que, de plus, il n'était pas du pays..... n'y avait nul appui (2)..... se décida à transiger avec Guillaume, et à lui remettre l'évêché de Verdun, moyennant

(1) *Dom Calmet*, p. 1004, et *Roussel*, p. 404. Ce dernier auteur dit positivement que *les parties adverses* de Jean Nicolinis *méprisaient* les censures ecclésiastiques.

(2) *Dom Calmet*, p. 1004.

une pension annuelle de trois cents ducats, avec *le regrès* sur l'évêché, à la mort de Guillaume (1)..... transaction qui fut agréée à Rome (2)..... De sorte que ledit Guillaume de Haraucourt rentra triomphant en possession de sa cité des Claviens (3), et le pauvre Jean de Nicolinis, honteux comme un renard qui a perdu *ses oreilles*, reprit tristement le chemin de Vintimille.

Toutefois cette cote mal taillée ne mit pas entièrement fin à toute discussion entre les deux prélats..... Guillaume, comme on l'a vu, tenait assez mal ses promesses..... Eh bien ! il payait encore plus mal..... si tant est qu'on assure que ce malheureux Jean de Nicolinis fut souvent obligé de recourir à Rome, pour contraindre, par les censures, son débiteur de mauvaise foi (4).

(1) *Dom Calmet*, p. 1004, et *Roussel*, p. 404.

(2) *Dom Calmet*, p. 1004.

(3) En 1484. *Dom Calmet*, p 1004.

(4) *Dom Calmet*, p. 1004, et *Roussel*, p. 404 Ce dernier auteur dit positivement que Guillaume *ne paya pas, nonobstant plusieurs excommunications que Nicolinis obtenait de Rome.*

On se tromperait étrangement si l'on s'imaginait que la rude leçon que venait de recevoir Gu llaume, que cette longue captivité, suite bien méritée de ses coupables intrigues, l'eût corrigé de se mêler des affaires des rois et des peuples. Ce prélat ne fut pas plus tôt rentré en possession de son évêché, qu'il bataillа avec la cité, et contraignit les bourgeois de Verdun, par l'autorité du roi Charles VIII, de remettre les droits de la juridiction régalienne, desquels lesdits bourgeois s'étaient emparés en vertu d'un rescrit impérial (1). Et pourtant les habitants de Verdun avaient eu soin d'obtenir du roi Charles VIII, le renouvellement des lettres de protection (2)..... Et puis après cela fiez-vous à la parole des rois.....

Ainsi que Louis XI le craignait, et l'avait bien prévu de longue main, Guillaume

(1) *Roussel*, p. 404.

(2) *Roussel*, p. 404 et 405. Ces lettres sont datées de Bourges.

mit tout en œuvre pour faire restituer au duc René, la Provence et l'Anjou, dont le roi René, grand-père de ce dernier prince, l'avait frustré par testament..... Toutefois les intrigues du prélat furent en pure perte (1). Un peu plus tard, on le voit figurer comme témoin dans l'acte par lequel les Vénitiens promettent au même René, duc de Lorraine, de l'aider de leurs vaisseaux pour la conquête de la Sicile (2). On le voit ensuite (3) s'adresser au parlement de Paris pour obtenir main-levée, au sujet de certaine terre (4) dépendante de l'évêché, et qui avait été saisie (on ignore pour quelle raison) au profit du roi de France (5); puis contracter, en 1493, une sorte de traité avec ceux de

(1) *Wassebourg*, fol. DXXIX, verso, et *dom Calmet*, p. 1003.

(2) *Tab. Loth.* Layette, Sicile, Naples, n° 16, et *Roussel*, p. 404.

(3) En 1492.

(4) *Silly*.

(5) *Roussel*, p. 405.

Bras(1); puis, en 1498, dresser un accord ou paix entre lui et les habitants de la cité (2); puis ratifier de son sceau l'acte de vente de la terre de Rambercourt faite par Jean de Sampigny au duc de Lorraine (3). Enfin, dans les dernières années de sa vie, et lorsqu'il avait déjà un pied dans la tombe, il intrigue, le croirait-on, pour le choix de celui qui le remplacera sur le siége de Verdun..... Toutefois cette dernière intrigue, que l'on pourrait appeler *in extremis*, tourne à sa confusion..... Voici, en peu de mots, ce qu'on en sait (4).

Guillaume ayant appris que Wary de Dommartin, abbé de Gorze, traitait avec Jean de Nicolinis, pour avoir son droit de regrès à l'évêché de Verdun, en fut fort

(1) *Roussel*, p. 405.

(2) *Roussel*, p. 405.

(3) *Roussel*, p. 405.

(4) Voyez *Wassebourg*, l. VII, fol. DXXXV et DXXXVI. Voyez aussi *dom Calmet*, p. 1005 et 1006. et *Roussel*, p. 405.

irrité, et mit tout en œuvre afin d'empêcher cet arrangement. Pour parvenir à son but, le prélat verdunois s'aboucha avec un certain d'Estauge, fort bien auprès du roi Louis XII, mais assez mal avec la maison de Lorraine, et lui témoigna le désir de résigner l'évêché, pourvu que cette résignation obtînt l'agrément et le consentement du monarque français. D'Estauge ayant accepté cette mission délicate, en fit part au roi, qui l'agréa, et trouva bon qu'un sieur Dinteville entrât en arrangement avec Guillaume..... Le duc René, informé de cette sourde intrigue, résolut d'y porter obstacle (1)..... Par son ordre, Gérard d'Auvillier fit entrer des troupes dans la forteresse de Hatton-Chastel, et, par ce moyen, empêcha Guillaume d'avoir aucune communication avec quelques cinquante lan-

(1) René protégeait la famille Dommartin; le frère aîné de Wary de Dommartin était Bailly d'Epinal, et maître d'hôtel dudit René (Voyez *Roussel*, p. 406.) Voyez aussi *dom Calmet*, p. 1259.

ces françaises qui s'étaient avancées, d'accord avec lui, pour s'emparer de cette place-forte de l'évêché..... Sur ces entrefaites, Guillaume de Haraucourt étant tombé malade, peut-être de chagrin et de dépit de voir son intrigue avortée, s'endormit (1) dans le Seigneur, après avoir tenu quarante-quatre ans le siége de la cité des Claviens. Ses cendres reposent à Hatton-Châtel, dans l'église collégiale de Saint-Maur, où naguère son mausolée se voyait encore. On dit que sa mémoire est en honneur dans ces lieux (2)..... Il avait augmenté les revenus des chanoines de céans..... et fait quelques fondations (3).....

En ce temps-là un homme à jamais célèbre, guidé par son génie et un courage à toute épreuve, venait de s'élancer, sur les traces du flambeau des cieux, dans l'immensité de l'Atlantique; et franchissant, avec

(1) Le 19 ou 20 février de l'an 1500.

(2) *Dom Calmet*, p. 1006.

(3) *Roussel*, p. 405.

une audace surnaturelle, les bornes du monde alors connu, avait vu couronner son aventureuse entreprise par l'exploration d'un autre hémisphère..... Christophe Colomb (1), c'est le nom de cet homme extraordinaire, Christophe Colomb de retour en Europe, après une longue et périlleuse navigation, offrait aux regards surpris les merveilles de son étonnante découverte..... Mais ce qu'il racontait de ces pays lointains, de ces pays où tout était prodige, piquait encore bien plus la curiosité de ses compatriotes, et surtout ne faisait qu'accroître encore cette soif inextinguible de l'or, cette soif véritable fléau pour l'homme et qui lui fut toujours si fatale..... De sorte que si l'on pèse les avantages et les désavantages, ou plutôt les maux incalculables, suite de la

(1) Il mit à la voile le vendredi 3 août 1492, fit la découverte du Nouveau-Monde dans la nuit du 11 au 12 octobre de la même année, et revint en Europe, au port de Palos, d'où il était parti sept mois et demi auparavant (le 15 mars 1493). (*Nouvelle Bibliographie*, art. *Christophe Colomb*, t. 9.)

découverte de cette Amérique, où l'Europe en délire s'est précipitée, on ne sait trop si l'on doit se féliciter de cette acquisition, ou plutôt on est tenté de penser que le ciel, en permettant que l'homme franchisse les barrières que la nature semblait avoir élevées devant sa folle ambition, a voulu lui donner un grand enseignement, et lui prouver, par une série de crimes et de malheurs, que ce n'est pas en vain que les mortels sacrifient, en aveugle, au démon de l'orgueil..... surtout à la divinité impie de l'or..... et que lorsqu'il surgit, à de certaines époques, des hommes assez insensés pour rêver d'autres Babels, une confusion écrite en caractères de sang est toujours là pour déjouer, que dis-je? pour punir l'œuvre de la folie et de la démence.

En résumé, on peut avancer que Christophe Colomb a ébranlé la vieille Europe..... ou plutôt le monde entier..... En effet, sous les pas de cet homme, la mer s'est agrandie, le globe a reconquis son autre hémisphère..... et le soleil ne s'est plus couché sur les vastes États d'Isabelle et de Charles-Quint..... On vit alors comme une croisade d'aventuriers s'élancer vers *la Terre-Sainte*..... du diamant et de l'or..... une soif de l'*inconnu* semblait dévorer les hommes..... *Une nouvelle terre* était-elle découverte..... un saint, un apôtre (1), ou bien..... un corsaire (2) lui donnaient un nom..... Toutefois, une pensée religieuse apparaissait comme la colombe au milieu de cette foule d'aventuriers..... *Le prosélytisme*..... ou, en d'autres termes, *faire des sujets au roi du ciel*..... tel était le cri de guerre de la vieille Europe en s'élançant sur ces nouveaux rivages..... Pourquoi faut-il que ce zèle religieux, louable en lui-même, mais presque toujours mal dirigé,

(1) Ainsi l'île Bahama, une des Lucaies, première terre découverte par Colomb, fut nommé *San-Salvador*, etc.

(2) Ainsi la baie de Baffin reçut son nom de William Baffin, pilote anglais. Ainsi un autre pilote anglais, Jean Davis, donna son nom à un détroit, près de la côte du Groënland, etc., etc.

n'ait abouti, le plus souvent, qu'à une guerre d'extermination?..... Pourquoi?..... C'est, encore une fois, que le ciel, dans sa juste colère, voulait qu'une confusion écrite en caractères de sang punît des hommes assez insensés pour avoir osé rêver, dans leur fol orgueil, une autre Babel (1).

(1) Tel a été, et tel sera toujours le résultat de ces découvertes audacieuses, véritables déceptions pour l'homme, trop faible créature pour se jouer avec la foudre de Jupiter..... c'est la fable de Sémélé.....

ÉPILOGUE.

Le dernier Jour.

C'est même chose, hélas! d'aimer et de souffrir.....
Car ça fait, voyez-vous, également mourir.

(*Nocturnes érotiques*, poésies inédites de l'auteur du roman.)

Beaucoup, beaucoup de péchés lui seront remis, parce qu'elle a beaucoup aimé.....

(*Saint Luc*, c. VII, v. 47.)

Perdonada mueres.
Tu meurs pardonnée.

(ALARCON.)

Les funérailles de Charles-le-Téméraire étaient terminées (1). Mais un beau page (2)

(1) Après bien des recherches, son corps, couvert de sang et de boue, avait été retrouvé sous des monceaux de cadavres.

(2) Tous les historiens font mention d'un page qui aida à faire retrouver le corps défiguré du duc de Bourgogne.

mort à ses côtés, sur le champ de bataille, était encore exposé dans une des salles du palais ducal de Nancy. On attendait pour rendre les derniers devoirs à ce jeune guerrier, qu'on découvrît à quelle noble famille il appartenait. Mais, jusque là, personne ne le reconnaissait, personne ne s'était présenté pour le réclamer..... Peu de jours avant que la bataille ne se donnât, on se rappelait seulement qu'il était venu offrir ses services au duc de Bourgogne, que celui-ci l'avait accueilli avec beaucoup de distinction, et l'avait placé, en qualité de page, près de sa personne..... Mais quel était son nom?..... d'où venait-il?..... c'est ce que tout le monde ignorait..... Le prince seul avait ce secret, et ce mystère impénétrable était descendu dans la tombe..... Toutefois, à cet air plein de noblesse et de fierté que le beau page avait conservé même après le trépas, et à la place honorable qu'il avait

Nous avons préféré faire mourir ce page à côté du prince. (Voyez *Comines*, et *Dom Calmet*, t. 2 p. 1033.)

tenue près du duc défunt, point de doute que ce jeune inconnu ne fût de haut parage, et qu'il n'appartînt aux premières familles du pays qui l'avait vu naître.

Tout le monde s'empressait de venir contempler ce jeune guerrier, dont la mort n'avait pas défiguré les nobles traits. Le sourire était encore empreint sur ses lèvres décolorées..... Les flots de sa noire chevelure ombrageaient son cou, et sa main, d'une blancheur éblouissante, tenait la longue épée dont il avait fait un si vaillant usage. Dans cette mémorable journée, on racontait de lui des prodiges de valeur. Long-temps il avait paré, de son corps, les coups sans nombre que l'on portait, de toute part, à son seigneur et maître; et seulement après que ce dernier était tombé frappé d'un coup mortel, le beau page, modèle de fidélité et de vaillance, avait succombé..... comme s'il eût voulu montrer que désormais la vie lui était devenue inutile, puisque son prince n'était plus..... Son armure attachée en trophée, au-dessus de sa tête, ne portait ni chiffres, ni armoiries, ni devises; elle était de l'acier le plus pur relevé d'or. Ce qui pouvait peut-être s'interpréter : *mi-parti d'or et d'azur*, ou bien, d'*azur à l'orle d'or*; son bouclier offrant une bordure de ce précieux métal.

Quoi qu'il en soit, la foule, depuis neuf jours, ne discontinuait pas de venir admirer ce triste et glorieux débris de la guerre..... Toute la noblesse lorraine, dans l'ivresse de la victoire éclatante qu'elle avait remportée sous la conduite de son bien aimé duc René, n'avait pas été la dernière à venir aussi contempler le beau page, et à rendre ce dernier et touchant hommage à sa vaillance. Les femmes surtout, les femmes si sensibles à la gloire des guerriers, s'étaient empressées de faire cette espèce de pèlerinage, et avaient voulu jeter quelques fleurs sur la tombe de celui qui était si digne de cueillir aussi le myrte des amours..... On dit même que, à la vue de tant de charmes, plus d'une noble dame, plus d'une jeune beauté n'avait pu se maîtriser..... et qu'une larme furtive, un soupir étouffé avait trahi une vive émotion..... Regrets superflus, hélas! la mort, l'inexorable mort était là..... muette et silencieuse comme le marbre froid des sépultures.....

Cependant il fallut enfin songer à confier à la terre avide et insatiable sa proie inanimée.... En conséquence, il fut décidé que le beau page serait placé aux pieds de son seigneur et maître..... Noble, touchante et dernière récompense de tant de valeur, d'un trépas si glorieux.

On était occupé à ces tristes préparatifs, dont maint guerrier, mainte noble dame voulaient encore être les témoins, lorsque parut soudain une femme tout en deuil!!! Un long voile de crêpe dérobait entièrement ses traits..... Mais à sa démarche imposante et majestueuse, à sa tournure noble et distinguée, on devinait aisément qu'elle était d'un rang élevé, et, sous les sombres vêtements de la douleur, on ne pouvait méconnaître la dame de haut parage..... Bien que le deuil le plus sévère pût se remarquer dans sa mise, cependant une grande richesse et une rare élégance y avaient également présidé..... S'étant approchée avec un profond recueillement, elle déposa d'une main tremblante une fleur sur le cœur du beau page, et, dans un douloureux silence, sembla le considérer attentivement pendant quelques instants..... Lorsque soudain jetant un cri perçant, elle se précipite sur ce corps inanimé, l'étreint dans ses bras, et s'écrie avec l'accent du plus violent désespoir :

— C'est lui !!!

Elle n'en peut dire davantage, et tombe évanouie sur la couche redoutable de la mort.

A ce spectacle inattendu, à cette scène déchirante, la foule entoure le catafalque.....

chacun comprend qu'un grand mystère va être dévoilé..... On ne doute pas que le nom jusqu'alors ignoré du beau page n'aille être enfin connu..... On s'empresse à l'envi autour de cette femme..... tous les secours lui sont prodigués..... et le voile qui la dérobe encore à tous les regards vient de tomber.....

Une beauté presque idéale s'offre alors à tous les yeux. Une extrême pâleur n'a presque rien ôté à ces traits si distingués, à ces lèvres si gracieuses. Toutefois, quelque chose semble dire que cette femme a dû éprouver, dans le cours de sa vie orageuse, plus d'un chagrin..... plus d'une infortune..... et que, sur ce front dont la blancheur est encore rehaussée par l'ébène d'une noire chevelure, plus d'un nuage a passé..... Toutefois, en ce moment, aucun accent ne s'échappe de sa poitrine et ne vient trahir les émotions de son cœur..... A peine si sa respiration faible et entrecoupée laisserait quelques traces fugitives sur le limpide cristal..... Seulement son sein, sous le tissu soyeux de sa molle tunique, se soulève et se gonfle par intervalle..... et, par intervalle aussi, un profond soupir s'exhale, comme une plainte, de sa poitrine haletante.

Cependant, grâce aux soins empressés qui lui sont prodigués, l'inconnue reprend peu à peu ses esprits, et, chez elle, la vie vient de nouveau de manifester ses sensations..... Mais, hélas! que ce réveil est pénible!..... Quelles terribles émotions attendent cette infortunée!.... Elle a rouvert les yeux..... mais c'est pour contempler la mort..... mais c'est pour être témoin des derniers devoirs que l'on va rendre à celui qu'elle paraît chérir plus que la vie.....

Dans ce moment suprême, chacun alors s'empresse, et, par des paroles affectueuses, par des paroles de consolation, cherche à modérer un affreux désespoir..... Mais l'inconnue, d'une voix altérée par la profonde douleur qu'elle éprouve, s'écrie :

— Laissez-moi, de grâce, le voir une dernière fois!..... laissez-moi mourir dans ses bras!..... lui, lui seul me reste..... ne le ravissez pas à mes embrassements!..... son dernier souffle erre peut-être encore autour de lui..... laissez-le-moi respirer!..... Tu me parles encore, n'est-ce pas?..... ô toi que je chéris!..... va, je t'entends..... tu réponds à ma voix..... tu réponds à la voix de ta bien-aimée..... Non, je ne te quitterai plus..... je veux mourir ici..... là..... sur ton cœur.....

Et d'épouvantables sanglots s'échappent de la poitrine oppressée de l'infortunée.

C'est en vain qu'on voudrait l'arracher de ce corps inanimé..... elle l'étreint dans ses bras; elle le couvre de baisers..... dans son lamentable délire, elle semble savourer, avec une sorte de délice, le tendre et douloureux hommage qu'elle lui rend.

— Laissez-moi, s'écrie-t-elle de nouveau, d'une voix suppliante et avec l'accent de la plus vive émotion, laissez-moi mourir sur son sein, lui le plus beau, le plus pur des mortels..... lui que j'ai tant aimé!..... lui que j'aime encore tant!..... Ah! pardonne, ô toi dont j'ai peut-être moissonné les jeunes ans!..... Pardonne!..... j'étais femme, et je t'idolâtrais!..... Pardonne aussi, ô toi mon Dieu!..... n'est-ce pas, tu me pardonnes?.... ne suis-je pas assez punie? n'es-tu pas assez vengé..... en permettant que je sois témoin du trépas de celui qui m'était plus cher que la vie?..... Adieu, encore une fois, ô toi mon bien-aimé!..... adieu, ô toi qui reçus mes plus tendres, mes plus secrets aveux!..... adieu, ô toi toute mon espérance!..... ô toi toute ma félicité!..... ô toi toute mon ivresse, sur cette terre de douleur et de larmes..... adieu..... dors en paix..... toi, mon unique amour..... toi, mon bien-aimé..... toi..... toi, mon fils!..... ô ciel!..... qu'ai-je dit?..... quel aveu terrible!..... grand Dieu! je t'en supplie..... pardonne..... retiens, dans tes mains pleines de miséricorde, retiens la foudre vengeresse..... Vois!..... ne suis-je pas assez malheureuse?..... Mais non, il faut que celle qui fut si coupable, tout en épuisant la coupe de l'infortune, bénisse encore, au milieu de son supplice, un Dieu juste, mais vengeur..... Eh bien! oui, ô mon Dieu! je me soumets..... je t'appartiens..... venge-toi..... immole ta créature..... voici l'autel qui doit recevoir l'holocauste.... et toi, ô mort! hâte-toi!..... viens m'unir à celui que je chéris..... que je chérirai toujours..... hâte-toi, te dis-je..... viens réunir deux cœurs..... viens, ô mort! viens..... hâte-toi.... toi seule tu peux mettre un terme à ma douleur..... toi seule tu peux mettre un terme à mon affreux tourment.....

L'infortunée n'en peut dire davantage; sa voix s'éteint..... son front si beau semble se couvrir d'un nuage funèbre. Le silence a succédé à ses dernières paroles.....

seulement quelques soupirs étouffés s'exhalent encore avec peine de sa poitrine haletante..... son sein que l'on voyait se soulever comme les vagues d'une mer agitée, son sein se calme par degrés..... Tout-à-coup un cri plaintif s'échappe de sa bouche entr'ouverte..... mais nul mortel n'a compris, nul mortel ne saurait répéter ce cri de la douleur..... c'est la dernière convulsion de l'existence..... c'est le dernier déchirement de la nature expirante..... c'est le secret de la mort!!! L'Éternel, dans sa miséricorde, venait d'ouvrir les cieux à cette infortunée..... Toutes ses peines sont finies..... l'éternité a commencé pour elle..... Un double trépas reçoit sur la même couche une femme et un jeune homme..... La mort a réuni..... Honorine et Hyacinthe.....

SUITE DE L'ÉPILOGUE.

La dernière Nuit.

. . . . Yo mismo
Os vi entregar al abismo
De un obscuro monumento.
(ALARCON.
L'amour enfante des prodiges,

La nuit silencieuse venait d'étendre ses voiles sur l'antique monastère de Saint-Vannes. Une froide bise du nord soufflait avec force dans les vieux arceaux de la basilique, et, mêlant son triste sifflement au glas funèbre qui s'échappait, comme une plainte, des flancs de l'édifice sacré, portait dans l'âme un douloureux saisissement. Par intervalle encore, l'oiseau des nuits, le solitaire nycticorax faisait entendre son cri, et, de son aile grisâtre, effleurant les vitraux, remplissait le cœur d'un mortel effroi. Enfin, la lune pâle et tremblante comme la jeune vierge qui ouvre la porte secrète à son amant heureux, se levait à l'orient de la cité des Claviens, et, de ses rayons obliques et encore incertains, frappait à peine les flèches aiguës des édifices les plus élevés.

Un char funèbre s'est arrêté tout-à-coup devant le grand portail de l'église..... Déjà, depuis quelques instants, on y voyait, dans le plus profond recueillement, tous les religieux de céans, ayant à leur tête l'abbé, le vénérable Matthieu de Dammarie. Ils semblaient être là comme pour recevoir ce message de la mort, et lui rendre les derniers honneurs..... On n'en pouvait douter, en portant ses pas dans l'enceinte sacrée, dont tout l'intérieur était entièrement drapé de noir. Des milliers de torches ardentes, disposées depuis le bas jusqu'au faîte des légers piliers, projetaient de toutes parts une lumière blafarde et sépulcrale. Un pur encens de myrrhe s'élevait, en nuages diaphanes, dans toute l'étendue de la nef, et semblait donner à tous les objets une teinte mystérieuse et fantastique..... Enfin, aux pieds du grand autel apparaissait une haute estrade recouverte d'un voile funèbre, semé de larmes d'argent et de roses blanches.

La mort, l'inexorable mort avait commandé ces lugubres apprêts.....

Soudain, un bruit sourd et prolongé a fait retentir l'écho des voûtes sacrées..... Ce sourd mugissement, c'est celui de deux bières qui traversent lentement la nef, et que l'on dépose sur l'estrade élevée au milieu du chœur. Le voile qui les recouvre est alors enlevé, et les restes inanimés d'une femme et d'un jeune homme apparaissent à tous les regards (1)...... Ces dépouilles mortelles étaient celles de haute et puissante dame Honorine de (2)..... et d'Hyacinthe de Colonna (3), page du duc de Bourgogne, Charles-le-Téméraire.

La mort n'avait point défiguré les traits de ces deux nobles victimes..... Toutes deux elles semblaient dormir d'un profond sommeil..... La longue chevelure d'ébène d'Honorine descendait en longs anneaux sur ses épaules d'ivoire et de lys, et voilait son sein d'albâtre. De ses mains, d'une pureté admirable, elle pressait une petite croix de vermeil. Une fleur, c'était celle

(1) Dans bien des endroits, et surtout au moyen âge, c'était la coutume de présenter à l'Église les morts le visage découvert.

(2) Par un motif de haute convenance, nous avons dû taire le nom de famille de cette dame.

(3) Tous les historiens donnent le nom de Colonna au page du duc de Bourgogne, qui aida à retrouver et à faire reconnaître le corps de ce prince tué à la bataille de Nancy. Voyez *Comines*, et *Dom Calmet*

des derniers adieux, c'était le dernier don de l'amour, se voyait sur le cœur d'Hyacinthe, et mêlait son vif incarnat au sang qui semblait encore jaillir de la profonde blessure qui avait causé le trépas du jeune guerrier. Dans ses mains, paraissait le glaive étincelant dont il avait fait un si noble usage. Enfin, un blanc suaire, bordé de crépines d'or et de soie, recouvrait en partie les corps d'Honorine et d'Hyacinthe. Puis, autour du catafalque, et sur tout le pourtour de l'édifice sacré, étaient blasonnés les armoiries et les chiffres des deux nobles défunts.

Mais déjà les chants sacrés se sont fait entendre et se mêlent aux gémissements des assistants, qui étaient venus en foule de tous les points de la cité pour être témoins de cette pompe funèbre, et rendre un dernier hommage à ces deux victimes moissonnées par la mort.

Écoutez, voici le langage suppliant de

l'homme juste dont le cœur est brisé de douleur et accablé d'infortune :

« Épargnez-moi, Seigneur, car mes jours » ne sont qu'un néant (1).

» . . . .

» Vous faites éclater votre puissance » contre une feuille emportée par les » vents (2).

» . . . .

» L'homme est comme la fleur à peine » éclose qui est foulée aux pieds (3).

» . . . .

» Ayez pitié de moi, vous qui êtes mes » amis, ayez pitié de moi, car la main du » Seigneur m'a frappé (4).

» . . . . »

Et comme le glas des derniers moments, ces accents solennels allaient se perdre

(1) *Job*, c. VII, v. 16.
(2) *Job*, c. XIII, v. 25.
(3) *Job*, c. XIV, v. 2.
(4) *Job*, c. XIX, v. 21.

dans les voûtes retentissantes de la sainte basilique.....

Cependant les religieux ont descendu les deux bières du catafalque, et s'apprêtent à les déposer dans un caveau creusé sous une des chapelles collatérales. A un signal du vénérable abbé, le cortége funèbre se met en marche, et s'avance à pas lents vers la dernière demeure!!!

A la vue de ces restes inanimés qui vont pour jamais disparaître à tous les regards, oh! qui pourrait peindre, à cet instant suprême, la profonde émotion de la foule empressée et pieuse?..... Hélas! nous ne l'essayerons pas. La douleur a des accents que le langage ne peut rendre..... Accents déchirants que peut seul comprendre celui-là qui a seulement, une fois dans sa vie, senti glisser sur son cœur le froid acier du glaive acéré de l'adversité.

Mais un dernier prodige devait encore s'accomplir aux funérailles de ces nobles et touchantes victimes d'une mort prématurée..... On raconte que, déposées près l'une de l'autre, dans le caveau, de tendres soupirs s'exhalèrent alors de leurs monuments, et que même, à travers le marbre tumulaire, ces soupirs se faisaient encore entendre..... Une ancienne tradition avait éternisé le souvenir de ce prodige, car, de temps immémorial, les amants venaient en pèlerinage s'agenouiller sur ces tombes célèbres, et implorer le ciel pour qu'il abrégeât ces jours d'épreuve, quelquefois si longs, précurseurs de l'hymen. Si alors, tandis que le couple amoureux priait avec ferveur, une voix semblait s'élever du monument, elle était d'un favorable augure pour les deux jeunes amants..... Toutefois, pour ouïr cette voix aérienne, il fallait brûler d'un amour véritable..... il fallait aimer bien tendrement..... il fallait être bien épris..... il fallait être animé d'une foi vive..... il fallait..... oh! alors jamais la voix mystérieuse ne manquait de se faire entendre, et, comme une parole de consolation, comme un zéphyr rafraîchissant, venait soulager deux pauvres cœurs bien enflammés..... Pourrait-on douter de ce prodige?..... Tant d'amants sont venus prier sur ces tombes, qu'il en est sans doute encore quelques uns qui pourraient l'attester.

— Allons donc au monastère de Saint-Vannes, allons consulter le pieux oracle.....

— Arrêtez, amoureux pèlerins! arrêtez..... hélas! c'est en vain que vous porteriez vos pas vers ces lieux jadis si vénérés..... l'écho de la sainte basilique ne peut plus redire vos ferventes prières, et, comme un doux présage, répéter des accents mystérieux..... *Le marteau a passé par là!!!*... et, comme un feu dévorant, n'a laissé que des ruines et des regrets.....

— Mais, direz-vous, ils sont toujours là, ceux qui soupirent tendrement dans la tombe..... Allons rendre un pieux hommage à leur mémoire..... Allons.....

— Encore une fois, n'y allez pas, amoureux pèlerins! n'y allez pas..... vos tendres cœurs seraient brisés de douleur..... vos douces amies ne pourraient supporter ce désolant spectacle..... ce spectacle lamentable de ruines..... Hélas! à peine si les débris d'une vieille tour croûlante et toute couverte de plantes parasites pourraient vous dire où fut jadis la vénérable basilique..... Honorine et Hyacinthe sont toujours là, il est vrai..... tous deux près de la cendre des saints et de celle des puissants du siècle (1), tous deux dorment encore dans la poudre du cercueil..... Mais depuis que la maison de Dieu a été dévastée, profanée, leur mausolée, sur lequel l'herbe des champs croît à cette heure, leur mausolée dont les derniers vestiges ont sans doute disparu (2),

(1) Peu d'églises, offraient proportion gardée, autant de tombes que les parvis de Saint-Vannes. Depuis plus de 1000 ans, le monastère s'était donné là le dernier rendez-vous. Parmi les tombes des pieux et saints religieux, on remarquait celles de quelques gens d'épée et de leurs épouses. Ainsi on lisait les noms des d'Astor, barons de Monbartie, des d'Arbon, d'Avice de Bertiguy son épouse, etc.

(2) *Etiam periere ruinæ.*

leur mausolée est..... muet..... Avec la vénérable basilique le charme s'est évanoui..... Le triste et solitaire oiseau des nuits fait seul retentir maintenant, de ses lugubres cris, la vieille tour..... et la froide brise du nord, comme un triste regret, comme une plainte douloureuse, agite la mousse verdâtre qui croît sur les ruines des vieilles ogives de l'antique et célèbre monastère de Saint-Vannes.

Sic transit gloria mundi.

FIN.

On trouve à la même Librairie :

COMMENT TOUT FINIT, par Mme Dupin. 2 vol. in-8. Prix : 15 fr.

Pour paraître incessamment :

L'ENFANT DES TROIS MÈRES, par M. Ernest Fouinet. 2 vol. in-8. Prix : 15 fr.

IMPRIMERIE DE BOURGOGNE ET MARTINET,
RUE JACOB, N° 30.

www.ingramcontent.com/pod-product-compliance
Lightning Source LLC
LaVergne TN
LVHW020536230826
846091LV00002B/301

9782019220969